U0772714

中国道路 与 世界之问

总主编 · 陈 晋

中国现在
处在怎样的时代

严哲文 张文良 ◎ 著

五洲传播出版社

图书在版编目（CIP）数据

中国现在处在怎样的时代 / 严哲文 , 张文良著 . --
北京 : 五洲传播出版社 , 2022.12

（"中国道路与世界之问"丛书 / 陈晋主编）

ISBN 978-7-5085-4627-8

Ⅰ . ①中⋯ Ⅱ . ①严⋯ ②张⋯ Ⅲ . ①中国特色社会
主义—研究 Ⅳ . ① D616

中国版本图书馆 CIP 数据核字 (2022) 第 183763 号

"中国道路与世界之问"丛书

总 主 编： 陈 晋
出 版 人： 关 宏

中国现在处在怎样的时代

著　　者： 严哲文　张文良
责任编辑： 王　峰
装帧设计： 北京青心见画文化艺术有限责任公司
图片提供： 新华社　中新社　视觉中国
出版发行： 五洲传播出版社
地　　址： 北京市海淀区北三环中路 31 号生产力大楼 B 座 6 层
邮　　编： 100088
发行电话： 010-82005927, 010-82007837
网　　址： http://www.cicc.org.cn http://www.thatsbooks.com
承　　印： 中煤（北京）印务有限公司
版　　次： 2023 年 1 月第 1 版第 1 次印刷
开　　本： 787mm×1092mm　1/16
印　　张： 11.5
字　　数： 120 千字
定　　价： 58.00 元

前言

　　经过一百年的奋斗，中国共产党团结带领人民在一个有着几千年封建社会历史的国家实现了最广泛的人民民主，人民真正成为国家、社会和自己命运的主人；我们在一穷二白的基础上创造了经济社会快速发展奇迹，用几十年时间走完了发达国家几百年走过的工业化历程，跃升为世界第二大经济体，综合国力、科技实力、国防实力、文化影响力、国际影响力显著提升；我国人民生活由温饱不足到全面小康，整体上彻底摆脱了绝对贫困，成为世界上中等收入人口最多的国家；我国长期保持社会和谐稳定、人民安居乐业，成为国际社会公认的最有安全感的国家之一。

　　马克思指出，正如线不是空间的点一样，时代不是时间上的时刻。"时"和"代"连起来意味着一定长度的时间，只有时间积累到一定的数量，才会有时代的变化。新中国成立70多年来，尤其是改革开放40多年来，中国经历了有史以来最深刻、最彻底的变化，中国人民深刻感受到时代的巨变。

那么，人们可能会问，今天的中国到底处于怎样的时代？

如果从社会主义初级阶段来说，从生产资料私有制的社会主义改造基本完成到社会主义现代化的基本实现，大致100年时间，中国现今已是初级阶段的下半程。如果从实现社会主义现代化的阶段性目标来看，随着全面建成小康社会历史任务的完成，中国正处于通往第二个百年奋斗目标即全面建设社会主义现代化国家的新征程，也是属于现代化阶段的后半程。

可以说，今天的中国正处于历史上最好的时代。

目录

第一章

中国正处于
社会主义初级阶段

一个人若要取得成功，必须要找准人生定位与奋斗方向；一个政党若要有所成就，也必须要找准政党定位与政策方向；一个国家若要国富民强，更必须要找准本国历史方位与前进方向。"我国正处于并将长期处于社会主义初级阶段"的论断，正是中国共产党在全面执政期间对本国所处历史方位的正确认识。

社会主义初级阶段的来龙去脉

社会主义的发展阶段问题，最早来自马克思主义经典作家对资本主义制度的解剖。马克思把在资本主义制度之后的新的社会制度，分为两个阶段，即共产主义的低级阶段和高级阶段，而社会主义阶段就是共产主义的低级阶段。马克思指出："我们这里所说的是这样的共产主义社会，它不是在它自身基础上已经发展了的，恰好相反，是刚刚从资本主义社会中产生出来的，因此它在各方面，在经济、道德和精神方面都还带着它脱胎出来的那个旧社会的痕迹。"马克思所说的"旧社会的痕迹"，主要是指新的社会制度消灭了剥削，实行按劳分配，"每一个生产者，在作了各项扣除以后，从社会领回的，正好是他给予社会的。他给予社会的，就是他个人的劳动量"，"但平等的权利对于具有不同劳动能力和不同赡养人口的劳动者来说，仍然是不平等的"。道德、精神等方面也"带着它脱胎出来的那个旧社会的痕迹"，但"这些弊病，在经过长久阵痛刚刚从资本主义社会产生出来的共产主义社会第一阶段，是不可避免的"。只有在共产主义高级阶段，生产力高度发达，劳动成为人的第一需要之后，这些弊病才

毛泽东主席在天安门城楼上向全世界庄严宣告："中华人民共和国中央人民政府今天成立了。"

中华人民共和国的成立，标志着中国已经从半殖民地半封建社会进入了新民主主义社会，开始了向社会主义社会的过渡时期。

能消失。马克思设想的社会主义社会是在资本主义制度高度发达的基础上而产生的，不仅完全消灭剥削，而且商品货币关系也已消失。

列宁继承马克思的这些思想，在苏联建成世界上第一个社会主义国家后，进一步论述了共产主义高级阶段和第一阶段的差别及其与资本主义制度的本质区别，指出新的社会制度的每一个发展阶段还包括若干小阶段，社会主义的发展阶段至少可分为最初阶段、低级阶段、中级阶段和高级阶段。列宁说的最初阶段，是指实行新经济政策的过渡时期；低级阶段即社会主义阶段。在社会主义阶段，生产资料归全社会公有，但"资本主义社会给我们留下的许多遗迹和习惯，如劳动的单独进行，对公共经济的不信任以及小业主的各种旧习惯等，这些在所有农民国家中都是占统治地位的"。

在领导新民主主义革命过程中，毛泽东对将来革命胜利后建立什么样的社会，结合中国的国情进行了深入思考和设计。新中国成立后，中国共产党没有立即在中国建立社会主义制度，而是设置了一个新民主主义社会的过渡期。正如毛泽东所指出，"这只是万里长征走完了第一步"，"以后的路程更长，工作更伟大，更艰苦"。在1956年建立起社会主义制度后，毛泽东开始思考社会主义发展阶段问题，提出把社会主义分为不发达和比较发达的社会主义两个阶段，认为后一阶段可能比前一阶段需要更长的时间，甚至"到了共产主义阶段，也还是要发展的。它可能要经过几万个阶段"。

在毛泽东思想指导下，我们不仅取得了新民主主义革命的胜利，建立起社会主义制度，而且在建设社会主义的过程中取得了伟大成就。但由于我们缺乏经验，当时并没有完全弄清楚什么是

天津盛锡福帽厂挂上公私合营的新招牌

到 1956 年，中国绝大部分地区基本上完成对生产资料私有制的社会
主义改造，使占世界人口四分之一的东方大国进入社会主义社会，实
现了中国历史上最广泛最深刻的社会变革。

社会主义、怎么建设社会主义，在进行社会主义建设与探索的过程中出现了"急于求成""急于求纯"的错误。犯错误的重要原因之一，是对于中国长期处于社会主义初级阶段的基本国情没有完全弄清楚。

1978年改革开放后，邓小平在继承马列主义、毛泽东思想的基础上，总结了我国和国际社会主义建设的经验教训，深入分析我国国情，进一步提出我国正处于社会主义初级阶段的理论。他指出："中国社会主义是处在一个什么阶段，就是处在初级阶段，是初级阶段的社会主义。社会主义本身是共产主义的初级阶段，而我们中国又处在社会主义的初级阶段，就是不发达的阶段。一切都要从这个实际出发，根据这个实际来制订规划。"[1]这是对我国社会发展阶段新的重要升华，是对于我国基本国情的进一步清醒认识，它使我们对于社会主义发展建设规律的认识和实践进入了一个新的阶段。

邓小平提出的"社会主义初级阶段"理论，使得我们对于中国基本国情的认识更加具体、更加实际，也更能指导我们实行社会主义改革开放的具体实践。正是在这一认识基础上，中国共产党形成了中国特色社会主义制度、中国特色社会主义道路以及中国特色社会主义理论体系，纠正了过去一些"左"的做法，坚持从实际出发建设社会主义，以经济建设为中心，坚持四项基本原则，坚持改革开放，使我国大步走向繁荣强盛。

"社会主义初级阶段"是中国共产党把马克思主义基本原理同中国实际和时代特征相结合而创新出来的专有名词，"它不是

[1] 邓小平：《一切从社会主义初级阶段的实际出发》（1987年8月29日），《邓小平文选》（第3卷），人民出版社1993年版，第251页。

泛指任何国家进入社会主义都会经历的起始阶段，而是特指我国在生产力落后、商品经济不发达条件下建设社会主义必然要经历的特定阶段"。也就是说，社会主义初级阶段是指新中国由不发达的社会主义逐步走向发达社会主义所处的阶段，是社会主义制度和体制日益完善成熟、科学文化精神文明日益发达、同世界先进生产力和科学技术的差距逐步缩小、力求基本实现社会主义现代化并在此基础上实现中华民族伟大复兴的阶段。它有两层相互联系、不可分割的含义：

第一，社会主义初级阶段的基础是社会主义，建设的是社会主义制度，坚持的是社会主义道路。1956年三大改造完成以后，我国就已经建立起了社会主义制度，并且不断巩固和完善，这是新中国成立以来我国发展和实践的基本事实，是我国发展的根本方向和原则，也是社会主义初级阶段的出发点和立足点。邓小平说过："中国搞资本主义不行，必须搞社会主义。""我们搞四个现代化，是搞社会主义的四个现代化，不是搞别的现代化。我们采取的所有开放、搞活、改革等方面的政策，目的都是为了发展社会主义经济"，"如果我们的政策导致两极分化，我们就失败了；如果产生了什么新的资产阶级，那我们就真是走了邪路了"。习近平强调："党和国家的长期实践充分证明，只有社会主义才能救中国，只有中国特色社会主义才能发展中国。""审视现在，全党同志必须牢记，道路决定命运，找到一条正确的道路多么不容易，我们必须坚定不移走下去。"因此，走社会主义道路是社会主义初级阶段的基础、根本、出发点和立足点，是中国国情的基础性因素。离开这一点，中国就不能发展；不走社会主义道路，也就无法谈论社会主义初级阶段。

第二，社会主义初级阶段的特点是处于初级的阶段，也就

中国共产党第十三次全国代表大会

1987 年 10 月召开的中国共产党第十三次全国代表大会比较系统地阐述了关于社会主义初级阶段的理论，完整地概括了党在社会主义初级阶段的基本路线，即"一个中心，两个基本点"。这一理论的提出，为建设有中国特色的社会主义事业提供了有力的思想武器。

是社会主义生产力的欠发达、不发达阶段。人口多、底子薄，地区发展不平衡，是我国的基本国情。我们从一穷二白开始建设社会主义，只能从这一实际出发。正如邓小平所强调的，"要使中国实现四个现代化，至少有两个重要特点是必须看到的：一是底子薄。帝国主义、封建主义、官僚资本主义长时期的破坏，使中国成了贫穷落后的国家"，"由于底子太薄，现在中国仍然是世界上很贫穷的国家之一"，"第二条是人口多、耕地少"，"在生产还不够发展的条件下，吃饭、教育和就业就都成为严重的问题"，"这种情况不是很容易改变的"。后来他还指出："我们搞社会主义才几十年，还处在初级阶段。巩固和发展社会主义制度，还需要一个很长的历史阶段，需要我们几代人、十几代人，甚至几十代人坚持不懈地努力奋斗，决不能掉以轻心。"我们搞社会主义，既要反"左"，又要防右，右是搞私有化，必然导致灾难；搞"左"的东西，也会犯错而带来损失，"搞革命的人最容易犯急性病。我们的用心是好的，想早一点进入共产主义，这往往使我们不能冷静地分析主客观方面的情况，从而违反客观世界发展的规律"。因此，"我国正处于并将长期处于社会主义初级阶段"，是中国共产党从社会性质和发展阶段上对中国国情所做的全局性、总体性判断。

中国还处于社会主义初级阶段吗

"社会主义初级阶段是当代中国的最大国情、最大实际，我们在任何情况下都要牢牢把握这个最大国情。"这是2012年11月习近平在党的十八届中央政治局第一次集体学习时作出的重要判断。他还指出，不仅在经济建设中要始终立足初级阶段，而且在政治建设、文化建设、社会建设、生态文明建设中也要始终牢记初级阶段；不仅在经济总量低时要立足初级阶段，而且在经济总量提高后仍然要牢记初级阶段；不仅在谋划长远发展时要立足初级阶段，而且在日常工作中也要牢记初级阶段。习近平强调，中国仍然处于社会主义初级阶段，仍然是世界上最大的发展中国家，发展仍然是解决中国一切问题的关键。

2013年3月全国人大会议期间，习近平发表讲话时再次强调，要"功崇惟志，业广惟勤"，我国仍处于并将长期处于社会主义初级阶段，实现中国梦，创造全体人民更加美好的生活，任重而道远，需要我们每一个人继续付出辛勤劳动和艰苦努力。

建设中国特色社会主义，我们还要对当前的经济发展现实有清醒的认识。目前，从官方公布的宏观数据可以看出，我国经济已从高速增长转为中高速增长。2014年5月，习近平在河南省考察时，首次提出"经济新常态"的判断。他说："我国发展仍处于重要战略机遇期，我们要增强信心，从当前我国经济发展的阶段性特征出发，适应新常态，保持战略上的平常心态。""经济新常态"是对目前中国经济发展的阶段性特征所作出的重大战略判断。[1] 2014年11月，习近平在亚太经合组织工商领导人峰会开幕式上的演讲中进一步对"新常态"作了全面阐释，指出中国经济新常态的几个主要特点：一是从高速增长转为中高速增长；二是经济结构不断优化升级，第三产业、消费需求逐步成为主体，城乡区域差距逐步缩小，居民收入占比上升，发展成果惠及更广大

---

[1] 杨俊峰：《社会主义初级阶段是最大国情》，《人民日报》（海外版）2017年8月23日05版。

中国经济新常态的主要特点包括：从高速增长转为中高速增长；经济结构不断优化升级，第三产业、消费需求逐步成为主体，城乡区域差距逐步缩小，居民收入占比上升，发展成果惠及更广大民众；从要素驱动、投资驱动转向创新驱动。图为一列动车组经过正在建设中的福建自贸区福州片区。

民众；三是从要素驱动、投资驱动转向创新驱动。

因此，在中国经济发展已然进入"新常态"后，我们要更准确地把握我国社会主义初级阶段不断变化的特点，坚持党在社会主义初级阶段的基本路线，在继续推动经济发展的同时，更好解决社会出现的各种问题，更好实现各项事业全面发展，更好发展中国特色社会主义事业，更好推动人的全面发展、社会全面进步。

2017年10月，习近平在党的十九大报告中作出重大历史判断："中国特色社会主义进入新时代，我国社会主要矛盾已经转化为人民日益增长的美好生活需要和不平衡不充分的发展之间的矛盾。"党的二十大报告继续明确："我国社会主要矛盾是人民日益增长的美好生活需要和不平衡不充分的发展之间的矛盾。"社会主要矛盾相比改革开放初期的变化，是否意味着我们国家已经不再处于社会主义初级阶段？

事实并非如此。我们必须清醒地认识到，我国社会主要矛盾虽然发生了变化，但我国仍处于并将长期处于社会主义初级阶段，我国仍然是世界最大发展中国家。这有三个方面的重要考虑：

第一，所谓社会主义初级阶段，就是指社会主义的不发达阶段。在这个不发达阶段，提升经济发展水平是非常重要的。我国的人均国内生产总值于2019年首次突破1万美元，仍低于世界各国的平均值，更低于发达国家人均国内生产总值3万美元以上的最低门槛。与此同时，决定一个国家处于社会主义的哪个阶段，经济发展水平并不是唯一条件，还应该同社会总体发展水平联系起来看。目前，我国发展不平衡不充分的一些突出问题尚未解决，比如，科技创新能力不足，核心技术掌握不够，发展质量和效益还不高，生态环境保护任重道远，民生领域还有不少短板，城乡收入差距与区域发展差距依然较大，等等。发展不平衡不充分的问

2017 年 10 月，中共十九大在北京召开。十九大报告指出，中国特色社会主义进入新时代，我国社会主要矛盾已经转化为人民日益增长的美好生活需要和不平衡不充分的发展之间的矛盾。

题，从根本上说还是源于生产力水平不够高的现状，在广大农村地区和中西部地区特别是老少边穷地区，尚有大量传统的、相对落后甚至原始的小农经济模式的生产力，这些问题的存在，说明我国仍处于社会主义初级阶段。

第二，社会主义初级阶段是一个很长的历史阶段，在这一长期的历史进程中，我国社会主要矛盾必然随着社会的发展而变化。社会发展是一个动态变化的过程，不平衡不充分也是永远存在的，但当生产力发展到一定阶段，摆脱绝对贫困和一穷二白的面貌后，不平衡不充分的发展就成了社会主要矛盾的主要方面，正所谓"千钧将一羽，轻重在平衡"。比如，从社会生产力来看，我国仍有大量传统的、相对落后的小农经济模式和小作坊模式，而且生产力水平和布局很不均匀；从"五位一体"总体布局来看，各个领域仍然存在这样那样的短板，有些方面还面临不少突出问题，这与人民群众对美好生活的向往还有一定的距离；从收入分配来看，社会贫富差距仍然较大，必须把促进全体人民共同富裕摆在更加重要的位置；从城乡区域发展来看，我国广大农村地区尤其是中西部地区的经济社会发展还比较落后，甚至东部沿海发达地区也依然有发展不平衡不充分的现象。例如，"高质量的医疗机构、教育机构依然是稀缺资源，高等级的城市地下管网建设刚刚起步、有的尚未起步，有的城市还存在城中村"[1]，等等。因此，我国仍处于并将长期处于社会主义初级阶段的基本国情没有变，我国是世界最大发展中国家的国际地位没有变。"变化者，乃天地之自然"，我们一定要准确地把握这种不断变化的特点，并根据这个变化来不断解决我们在发展过程中遇到的矛盾

---

[1] 辛鸣：《我国仍处于社会主义初级阶段》，《人民日报》2018年5月2日07版。

和问题。

第三，我国社会主要矛盾发生变化，这个变化是在社会主义初级阶段这个历史阶段中发生的变化，只反映当前时期社会矛盾运动的内涵和形式发生的变化，不足以说明当下中国社会的整体生产力水平已经跃进到实现现代化、社会中等发达、结束初级阶段的水平，也不足以说明由生产力和生产关系这一社会基本矛盾所决定的社会发展阶段发生了变化，因此不意味着社会主义初级阶段这个基本国情本身发生了变化。

总的来说，随着我国社会生产力水平的提高和经济总量的迅猛增长，人民群众的基本生活保障和基本文化生活需要已经从总体上得到满足，国内长期存在的供给短缺的现象已经得到根本改变，我国已经实现从"站起来"到"富起来"的历史跨越，人民开始对从"富起来"到"强起来"的美好生活充满期待。对美好生活的向往，意味着一些隐形的需求，如对社会平等公正的更高期待、对社会总体安全和民族复兴的愿景等，都在经济社会发展的过程中被激活，同时也意味着对物质生活、精神文化生活、政治参与权利、民主法制等的追求，都将会进一步提升，人们期待更安定的社会环境、更优质的社会治理、更良好的法治建设和更高质量的生态环境。

而目前社会发展的不平衡不充分，包括各地区、各领域、各方面的不平衡不充分，则是阻碍人民对美好生活向往的现实因素，如城乡发展不平衡，东西部差距过大；收入分配不平衡，几千万人口刚刚摆脱绝对贫困，但还有可能因为各种原因重新致贫返贫，离共同富裕的目标也还有很远的距离；社会中还存在不少弱势群体，社会治理体系还很不完善；民生领域也存在不少短板，社会制度保障不完善；等等。这使得部分群众没有充分享受

广大脱贫群众露出了真诚笑脸，
这是对脱贫攻坚的最大肯定。

在迎来中国共产党成立一百周年的重要时刻，中国脱贫攻坚战取得了全面胜利，9899 万农村贫困人口全部脱贫，提前 10 年实现联合国 2030 年可持续发展议程的减贫目标。图为观众参观《脱贫攻坚 共享小康全国摄影展》。

自中共十八大明确提出大力推进生态文明建设、努力建设美丽中国以来，"绿水青山就是金山银山"理念逐渐深入人心，生态环境质量持续改善。图为河北塞罕坝林场，三代塞罕坝人接续努力，将人迹罕至的荒原变成了 112 万亩的世界最大人工林。

到国家改革发展的丰硕成果，反而产生了"失落感和相对剥夺感"。当今中国的社会发展呈现出的这些阶段性特征，仍是在社会主义初级阶段这个大背景下的新特征，并不是超越了社会主义初级阶段之后的特征，因而并不能改变对中国"正处于并将长期处于社会主义初级阶段"的基本国情判断和历史方位判断。

尽管我国仍然处于社会主义初级阶段，但是，中国特色社会主义已发生深刻的变化。这就涉及如何正确认识中国当今所处的历史阶段问题，这也是建设中国特色社会主义的首要问题。《中国共产党章程》总纲指出："我国正处于并将长期处于社会主义初级阶段。"这是中国共产党从我国实际出发，在总结我国社会主义建设正反两方面历史经验教训的基础上得出的科学结论。深刻领会这一重要论断，对于理解中国国情、看待中国社会，意义重大。

一方面，经过新中国成立初期的社会主义改造，我国已经进入社会主义社会，之后经过70多年的发展，社会主义社会更加充满生机和活力。其显著标志是我国坚持科学社会主义的基本原则，始终坚持以辩证唯物主义和历史唯物主义为理论基石，坚持以实现共产主义为最高理想，坚持以工人阶级政党为领导核心，坚持以解放和发展生产力为根本任务，坚持代表最广大人民根本利益，坚持以公有制和按劳分配为社会主义经济制度的基础，坚持以人民当家作主为社会主义民主政治的本质特征，坚持改革和完善社会主义制度和体制机制，等等。同时，我国的社会主义又具有鲜明的中国特色，中国特色社会主义道路、中国特色社会主义理论体系、中国特色社会主义制度，都深深根植于亿万人民一往无前的创造性实践中，及时回应实践创新的理论呼唤，形成既传承中华民族历史文化传统，又让中国人民喜闻乐见的中国风格

2020 年，中国国内生产总值突破 100 万亿元，人均国内生产总值连续两年超过 1 万美元。

大力发展高技术产业，将促进中国制造业从中低端向中高端转变，并
释放出多重积极效应。图为江苏南通通富微电子有限公司的智能芯片
封装生产线。

和中国气派，顺应时代发展要求，体现人民共同愿望，具有鲜明的实践特色、理论特色、民族特色、时代特色，因而能够始终保持蓬勃生机和旺盛活力，始终指引着当代中国沿着正确方向阔步前进。

另一方面，我国的社会主义社会还处于初级阶段，这是我国建设社会主义现代化不可逾越的历史阶段，社会主义现代化是一次伟大的长征，走过初级阶段至少需要上百年的时间。因为我国的社会主义制度脱胎于半殖民地半封建社会，生产力水平远远落后于发达资本主义国家，这就决定了我国必须经历一个很长的初级阶段，去实现别的国家在资本主义条件下实现的工业化和生产的市场化、社会化和现代化。今天，我国社会主义事业取得了举世瞩目的巨大成就，但我国的基本国情仍然是人口多、底子薄，发展不平衡。我国经济总量已跃居世界第二，但人均国内生产总值仍排在世界近200个国家中的第80位左右；经济持续快速发展，但发展中不平衡、不协调、不可持续的问题依然突出，转变经济发展方式和深化改革开放任重道远；工业化、城镇化、农业现代化步伐加快，但工业还大而不强，农业基础依然薄弱、农村发展相对滞后、农民增收困难的问题依然不少；思想道德建设取得重要进展，但一些领域道德失范、诚信缺失现象比较严重；全国人民生活达到小康水平，但城乡、区域和居民收入分配差距仍然较大，教育、就业、社会保障等关系群众切身利益的问题还较多，部分刚脱贫群众的生活仍然比较困难；社会创造活力普遍增强，但影响社会和谐稳定的各种矛盾还不少；等等。这些情况表明，我国社会主要矛盾的变化，没有改变我们对我国社会主义所处历史阶段的判断，我国仍处于并将长期处于社会主义初级阶段的基本国情没有变，我国是世界最大发展中国家的国际地位没有变。

我们看问题、作决策、办事情，要牢牢把握社会主义初级阶段这个基本国情，牢牢立足社会主义初级阶段这个最大实际，牢牢坚持党的基本路线，既不落后于时代，也不能脱离实际、超越阶段；既尽力而为，又量力而行。

中国进入新发展阶段

我国的社会主义初级阶段从20世纪50年代中期开始，锚定在21世纪中叶实现第二个百年奋斗目标之际结束，是中国共产党领导新中国从一穷二白到实现社会主义现代化的"百年征程"，大致可以分为20世纪下半叶和21世纪上半叶"两个半场"。

其中"上半场"可划分为三个发展阶段：一是绝对贫困阶段（1978年之前），在极贫水平下进入社会主义建设时代，包括政治建设与制度建设、经济建设与国民经济体系建设、社会建设与城市建设等，实现了建立比较独立、比较完整的工业体系和国民经济体系的战略目标，为之后的经济起飞和社会主义现代化奠定了物质资本、人力资本、科技资本、制度资本基础；二是温饱阶段（1979—1990年），中国进入改革开放时代，开始经济起飞，社会主义现代化的目标是到1990年实现国民生产总值比1980年翻一番，解决人民的温饱问题；三是小康水平阶段（1991—2000年），到20世纪末，国民生产总值再增长一倍，人民生活达到小康水平。

社会主义初级阶段的"下半场"，可以分为两个阶段：前二十年(2001—2020年)的持续高增长（全面小康社会阶段），实现第一个百年奋斗目标，即全面建成小康社会；二是后三十年

到 2000 年，中国人均 GDP 突破 800 美元，人民生活总体上达到小康水平。图为 21 世纪初的广东深圳经济特区。

改革开放带来了中国经济的腾飞。图为 20 世纪 90 年代的上海浦东。

(2021—2050年)的持续稳定增长(共同富裕阶段),实现第二个百年
奋斗目标,即实现社会主义现代化目标。

从 1949 年到 1978 年，新中国在一穷二白的基础上逐步建立起了独立的比较完整的工业体系和国民经济体系。图为 1956 年 7 月 13 日，中国第一批国产"解放"牌汽车试制成功。

表1 中国经济发展水平主要指标（1949—2030）

社会主义初级阶段 发展阶段	上半场			下半场	
	绝对贫困阶段	温饱阶段	小康水平阶段	全面小康社会阶段	共同富裕阶段
时期	1949—1978年	1978—1990年	1991—2000年	2001—2020年	2021—2030年
人均GDP（PPP，2011年国际美元）	172—637	637—1516	1516—3678	3678—18500	>30000
人均预期寿命（岁）	41—65.5	65.5—68.6	68.6—71.4	71.4—77.3	77.3—79
文盲率（%）	80—25.2	25.2—15.9	15.9—6.7	6.7—3.0	<1.0
劳动年龄人口平均受教育年限（年）	1—5.3	5.3—6.4	6.4—7.9	7.9—10.8	10.8—12
人类发展指数（HDI）	0.145—0.423	0.423—0.501	0.501—0.588	0.588—0.78	0.78—0.90
农村居民恩格尔系数（%）	>70	67.7—58.8	58.8—49.1	49.1—27	27—22
城镇居民恩格尔系数（%）	>60	57.5—54.2	54.2—39.4	39.4—25	25—20
农村贫困人口（亿人）	7.7（1978）	7.7—6.58	6.58—4.62	4.62—0.0	
农村贫困发生率（%）	97.5（1978）	97.5—73.5	73.5—49.8	49.8—0.0	
基尼系数	0.558—0.279（1953—1970）	0.291—0.324	0.324—0.392	0.392—0.462（1999—2015）	继续下降

说明：人均GDP数据来源：世界银行数据库；人均预期寿命数据来源：国家统计局《中国统计摘要（2016）》，第18页；劳动年龄人口平均受教育年限，系根据历次全国人口普查数据推算；人类发展指数（HDI）来源：联合国开发计划署《2015年人类发展报告》，表2；城乡居民恩格尔系数来源：国家统计局《中国统计摘要（2015）》，第59页；农村贫困人口及发生率数据，系现行国家农村贫困线（每人每年2300元），来源：国家统计局《中国统计摘要（2016）》，第70页；2020—2030年数据，系估算。

表格来源：胡鞍钢：《社会主义初级阶段：上下半场与五个阶段》，《四川大学学报》（哲学社会科学版）2017年第2期。

事实上，经过数十年的努力，我国已成功进入社会主义初级阶段"下半场"的"第一阶段"，即"全面小康社会阶段"，并朝着"第二阶段"即"共同富裕阶段"进发，在这一过程中，我国在人均收入、发展水平、生活水平、社会结构、产业结构、贫富差距、地区差距、人与自然关系等方面都将实现大发展和大转型。

社会主义从来都是在奋斗开拓中前进的，必定随着形势和条件的变化而不断向前发展。党的十九大报告指出，经过长期努力，中国特色社会主义进入了新时代，这是我国发展新的历史方位。这一重大政治论断，赋予党的历史使命、理论遵循、目标任务以新的时代内涵，为我们深刻把握当代中国发展的新阶段新特征、科学制定党的路线方针政策提供了时代坐标和基本依据。同时，十九大报告和二十大报告还将2020年至2050年这三十年明确划分为两步走，并把基本实现社会主义现代化目标的2035年明确为这两大步的中间时间点，逐步走向2050年实现中华民族伟大复兴的第二个百年奋斗目标。

明确中国特色社会主义进入新时代，并在全面建成小康社会的基础上，开启全面建设社会主义现代化国家的新征程，是中国共产党在科学把握世情国情党情深刻变化的基础上，作出的一项关系全局的重大战略考量，进一步彰显了中国共产党与时代共同进步的先进性本色，体现了把握历史规律和历史趋势的高度自觉和高度自信。"时代的发展有一个从量变到质变的过程，在量变中蕴含和孕育着质变，质变是量变的必然结果，同时又开始新的量变。回顾党领导人民的奋斗历程，革命也好，建设也好，改革也好，都经历了从量的积累到质的飞跃的不同发展阶段。"坚持和发展中国特色社会主义，必须把握时代特点、直面时代课题，在体现时代性、把握规律性、富于创造性中不断展现蓬勃的生机活力。

现如今，中国的社会主义是从初级阶段向更高阶段迈进的新发展阶段。2021年1月，习近平总书记在省部级主要领导干部学习贯彻党的十九届五中全会精神专题研讨班开班式上的讲话中，明确提出"中国进入新发展阶段"的重要论断。习近平总书记指出，"社会主义初级阶段不是一个静态、一成不变、停滞不前的阶段，也不是一个自发、被动、不用费多大气力自然而然就可以跨过的阶段，而是一个动态、积极有为、始终洋溢着蓬勃生机活力的过程，是一个阶梯式递进、不断发展进步、日益接近质的飞跃的量的积累和发展变化的过程"，而"新发展阶段是社会主义初级阶段中的一个阶段，同时是其中经过几十年积累、站到了新的起点上的一个阶段。新发展阶段是我们党带领人民迎来从站起来、富起来到强起来历史性跨越的新阶段"。新发展阶段，可以从多个角度进行理解。

2017 年 10 月，十九大报告提出实施乡村振兴战略，坚持农业农村优先发展，加快推进农业农村现代化。图为山东省荣成市积极发展花卉产业，依靠"农业＋生态＋旅游"的产业发展模式，推动当地的乡村振兴。

经过改革开放 40 多年发展，中国经济实力、科技实力、综合国力跃上新的大台阶，已成为世界第二大经济体、第一大工业国、第一大货物贸易国。图为全球第一大港——宁波舟山港。

从现代化角度来看，新发展阶段是全面建设社会主义现代化国家的发展阶段。在这个发展阶段，按照党的十九大报告精神和二十大报告精神，我们的目标和任务是在全面建成小康社会的基础上，分两步走，从2020年到2035年，在全面建成小康社会的基础上，再奋斗十五年，基本实现社会主义现代化；从2035年到本世纪中叶，在基本实现现代化的基础上，再奋斗十五年，把我国建成富强民主文明和谐美丽的社会主义现代化强国。从全面建成小康社会到基本实现现代化，再到全面建成社会主义现代化强国，是新时代中国特色社会主义发展的战略安排，也是中国特色社会主义现代化的战略步骤。"十四五"时期（即2021年至2025年中国的第十四个五年规划时期），是这一新发展阶段的开局时期和起始阶段。

从经济发展角度来看，这个阶段的重要特征是我国经济已由高速增长阶段转向高质量发展阶段。党的十九大报告首次作出"我国社会主要矛盾已经转化为人民日益增长的美好生活需要和不平衡不充分的发展之间的矛盾"的重大判断，党的二十大报告继续明确了这一判断。"十四五"时期，推动解决发展不平衡不充分问题，归根结底要靠发展，尤其是高质量的发展。与过去的高速发展阶段不同的是，新发展阶段要围绕高质量发展，进行既符合中国实际又具有创新意义的探索，使优质产品和服务的供给更加充分，城乡区域发展更趋平衡，在着力解决社会主要矛盾的过程中，实现经济社会持续健康发展。

从国家治理角度来看，新发展阶段是不断推进实现国家治理体系和治理能力现代化的阶段。这个阶段的主要历史任务是紧紧围绕提升国家治理效能，深刻把握我国发展要求和时代潮流，把制度建设和治理能力建设摆到更加突出的位置，继续深化各领域各方面体制机制改革，推动中国特色社会主义制度更加成熟、更加定型，到2035年"基本实现国家治理体系和治理能力现代化，人民平等参与、平等发展权利得到充分保障，基本建成法治国家、法治政府、法治社会"。

从民族复兴角度来看，进入新发展阶段，是中华民族伟大复兴历史进程的大跨越。经过改革开放40多年的发展，我国经济实力、科技实力、综合国力跃上新的大台阶，已成为世界第二大经济体、第一大工业国、第一大货物贸易国、第一大外汇储备国，人均国内生产总值超过1万美元，城镇化率超过60%，中等收入群体超过4亿人。到2035年，我国人均国内生产总值预计将达到中等发达国家水平，中等收入群体显著扩大，基本公共服务实现均等化，城乡区域发展差距和居民生活水平差距显著缩小。这个阶段是人的全面发展、全体人民共同富裕将取得更为实质性进展的阶段，是实现中华民族伟大复兴的关键阶段。

如何理解中国的社会主义进入新发展阶段？这个阶段发生了哪些变化，又有哪些不变的东西？如前所述，中国正处于并将长期处于社会主义初级阶段，而这个初级阶段又包含若干不同的小阶段。习近平总书记指出："新发展阶段，就是全面建设社会主义现代化国家向第二个百年奋斗目标进军的阶段。这在我国发展进程中具有里程碑意义。""新中国成立不久，我们党就提出建设社会主义现代化国家的目标，未来30年将是我们完成这个历史宏愿的新发展阶段。"可见，我们今天所说的新发展阶段，是指我国全面建成小康社会、实现第一个百年奋斗目标之后，开启全面建设社会主义现代化国家新征程、向第二个百年奋斗目标进军的发展阶段。"行百里者半九十"，未来这30年将是决定我们能否成功完成社会主义现代化强国建设百年奋斗目标、百年伟大征

2021 年 6 月 17 日，三位航天员乘神舟十二号载人飞船成功飞天，成为中国空间站天和核心舱的首批入驻人员。

程、百年民族复兴的关键阶段，进入新发展阶段、贯彻新发展理念、构建新发展格局，这"三新"正是与新时代、新矛盾、新思想相互照应的新变化。

中国社会进入新发展阶段，变的是发展理念、发展环境、发展要求与发展格局。从发展阶段来看，党的十八大以来，改革开放和社会主义现代化建设取得历史性成就，我国发展站到了新的历史起点上，中国特色社会主义进入新的发展阶段。党的理论创新实现了新飞跃，党的执政方式和执政方略有重大创新，发展理念和发展方式有重大改变，发展环境和发展条件有重大变化，发展水平和发展要求变得更高。从社会主要矛盾来看，我国社会主要矛盾已经由人民日益增长的物质文化需要同落后的社会生产之间的矛盾，转化为人民日益增长的美好生活需要和不平衡不充分的发展之间的矛盾。这一重大历史性变化，对发展全局产生了广泛而深刻的影响。从奋斗目标来看，从2017年党的十九大到2022年党的二十大是"两个一百年"奋斗目标的历史交汇期，我们既要全面建成小康社会、实现第一个百年奋斗目标，又要乘势而上开启全面建设社会主义现代化国家新征程，向第二个百年奋斗目标进军。2022年党的二十大之后的未来五年，则是全面建设社会主义现代化国家开局起步的关键时期。从国际地位来看，当代中国正处在从大国走向强国的关键时期，已不再是国际秩序的被动接受者，而是积极的参与者、建设者、引领者。世界对中国的关注，从未像今天这样广泛、深切、聚焦；中国对世界的影响，也从未像今天这样全面、深刻、长远。这些重大变化，都需要从新的历史方位、新的时代坐标来科学认识和全面把握。

中国社会进入新发展阶段，不变的是发展趋势、发展动力、发展目标与发展潜力。历史车轮滚滚向前，时代潮流浩浩荡荡。一个国家、一个民族要振兴，就必须在历史前进的逻辑中前进、在时代发展的潮流中发展。中国特色社会主义进入新时代、中国社会进入新发展阶段，是新中国成立以来特别是改革开放以来我国社会发展进步的必然结果，是我国社会主要矛盾变化的必然结果，也是我们党团结带领全国各族人民开创光明未来的必然要求。初心不变、使命依旧，为中国人民谋幸福、为中华民族谋复兴、为世界谋大同，是中国共产党一如既往的政治底色和鲜明品格。

第二章

中国是世界上
最大的发展中国家

中共中央总书记习近平在党的十九大报告中指出："我国仍处于并将长期处于社会主义初级阶段的基本国情没有变，我国是世界最大发展中国家的国际地位没有变。"五年后的二十大报告中，他再次强调："我国是一个发展中大国，仍处于社会主义初级阶段。"这是中国特色社会主义进入新时代以来，中国共产党对当代中国国情和国际地位的明确判断。

何谓"发展中国家"

何谓"发展中国家"？这个概念与"发达国家"的概念相对应，出现于第二次世界大战结束、世界各国逐渐步入和平发展时期之后，第二次世界大战之前的西方资本主义列强均属于发达国家群体，而第二次世界大战之前的殖民地半殖民地国家和地区，基本都属于发展中国家群体。"发展中国家，通常是指那些经济社会发展和人民生活水平相对较低，尚处于从传统农业社会向现代工业社会转变过程中的国家。"[1]从发达国家与发展中国家的数量对比来看，发展中国家占据了世界经济版图的大部分。今天世界上约200个经济体中，绝大多数经济体还处在"发展中"状态，被广泛认可的发达国家大概只有40多个。但发展中国家内部的发展情况并不均衡，一些发展中国家实现了增长奇迹，极少数二战以前的发展中国家实现了进入发达国家行列的大跨越，而另一些发展中国家则经历了"增长灾难"。这就使得一些发展中国家——比如中国，与另一些发展中国家相比，呈现出完全不同的

---

[1] 刘世锦：《为什么中国"发展中国家"的身份会成为一个问题》，《求是》2011年第11期。

发展态势。这种分化也使得发达国家对发展程度较高的发展中国家是否仍处在"发展中"阶段提出了质疑。[1]

我们虽然经常谈论所谓"发展中国家",但世界各国对此至今仍没有一个明确的、公认的概念界定。自1964年在联合国第一届贸易和发展会议上"发展中国家"概念首次被提出至今,已经过去了近60年,联合国、国际货币基金组织、世界银行等国际组织都各自提出了其对于发展中国家的衡量标准,但至今仍未在国际层面形成一个统一的标准。

联合国统计司(UNSD)以地理区域为标准,较为粗略地对发展中国家和发达国家进行区分:将亚洲的日本、北美洲的加拿大和美国、大洋洲的澳大利亚和新西兰以及整个欧洲各国认定为发达国家,将亚洲(不包含日本)、非洲、拉丁美洲和加勒比海地区、大洋洲(不包括澳大利亚和新西兰)等各国归为发展中国家。发展中国家根据地理区位,还进一步细分为最不发达国家、内陆发展中国家和小岛屿发展中国家;但这种细分并非是全覆盖的,比如中国虽然在地域上被归入发展中国家地区,但是却不属于以上任何一类,也有一些发展中国家同时归属两个到三个子类。在国际贸易统计中,联合国统计司在上述地域划分的标准基础上,又做了细微的调整,将西亚的以色列和塞浦路斯,北美的百慕大、格陵兰、圣皮埃尔和密克隆,大洋洲的圣诞岛、科科斯(基林)群岛、赫德岛和麦克唐纳岛及诺福克岛等国,归入发达国家。[2]联合国统计局强调,这种分类只是为了统计工作的方便,

---

[1] 徐秀军、羌建新、雷达、李巍、王亚娟:《中国,一个特殊的发展中国家》,《世界知识》2019 年第 12 期。

[2] 马莹:《WTO 改革视角下再论中国的发展中国家地位》,《上海对外经贸大学学报》2019 年第 6 期。

而不是对一个特定国家或地区发展阶段的判断。单纯依靠地理区域划分发展中国家和发达国家，显然也过于简单和笼统，尤其是在世界各国不断发展变化的今天。

国际货币基金组织（IMF）则根据购买力平价法计算的GDP，将全球划分为新兴国家和发展中经济体、发达经济体两类，其中发达经济体包括美国、欧元区各国、日本、英国、加拿大和其他部分发达经济体，除此之外的国家或地区则被归入新兴国家和发展中经济体一类。根据地域的不同，新兴国家和发展中经济体又细分为：独立国家联合体，俄罗斯归入此组；新兴和发展中亚洲，中国、印度及东盟五国归入此组；新兴和发展中欧洲；拉美和加勒比地区，巴西和墨西哥归入此组；中东、北非、阿拉伯和巴基斯坦，沙特归入此组；撒哈拉以南非洲。不过，这种单纯依托GDP总量指标来衡量发展中国家地位的划分，容易忽略发展中国家内部的发展不均衡及人口基数问题，缺乏测量的综合性。

世界银行（World Bank）自1978年起每年公布"世界发展报告"和世界发展指标表（WDI），根据不同经济体的人均国民收入，将各经济体分为高收入、中等偏高收入、中等偏低收入和低收入四个类别。其中，只有40多个高收入经济体被界定为发达国家，其余三类则都归为发展中国家，但低收入和中等偏低收入国家能够享受其"软贷款"，而中等偏高收入国家享受的贷款优惠则明显减少直至取消。中国、俄罗斯、希腊、葡萄牙、西班牙等国目前在其中都归属中等偏高收入国家，被世界银行界定为发展

2008 年 11 月 16 日，联合国开发计划署在北京发布《2007/08 中国人类发展报告》。报告指出，改革开放使中国在人类发展方面取得巨大进步，人类发展指数处于历史最高水平，接近"高人类发展国家"的标准。

中国家。[1]但发展是个综合议题，同时包含政治、经济、文化等多个方面，仅使用经济指标来界定发展中国家过于片面，因此，世界银行自2016年起逐步弃用发展中国家或发展中经济体概念。

联合国开发计划署（UNDP）自1990年起每年定期发布衡量各国发展程度的综合性指标，即人类发展指数（HDI）。该指数综合考量健康、教育、经济及不平等等多维度，将全球近200个国家分为极高HDI、高HDI、中HDI及低HDI四个组别，进入极高HDI组别的美国、俄罗斯等50多个国家和地区归属发达国家，其余三个组别均归类为发展中国家，中国也被归入后者。此外，自1990年该指数发布以来，世界平均HDI水平显著提高，全球提升近22%，最不发达国家提升51%，但是人民福祉在世界各地的发展仍存在极大的差距。考虑到发展的不平等问题，联合国开发计划署又在原基础上调整不平等系数，发布不平等调整后人类发展指数（IHDI），更加综合全面地反映一国的发展情况。由于较为综合地考虑了多维度的发展指标，因而联合国开发计划署的界定当前较为普遍地被国际社会所接受。

世界贸易组织（WTO）虽明确对加入世贸组织的发展中国家提供过渡期的优惠，但是，世贸组织并不主动界定发达国家或发展中国家，一个国家是否属于发展中国家由这个国家自行宣布，而别的国家可以提出质疑。中国在2001年加入WTO时，人均GDP还不到1000美元，无疑属于发展中国家，但是在经历了入世以来的20年稳定发展之后，中国的发展水平已经大大提高，一些国家由此对中国在WTO享受发展中国家的优惠政策提出质疑。

---

[1] 刘伟、蔡志洲：《如何看待中国仍然是一个发展中国家》，《管理世界》2018年第9期。

上述对于"发展中国家"概念界定的模糊，造成在各发展中国家之间存在较大的发展差异性的情况下，发达国家对以中国为代表的部分发展中国家自我定位的质疑。比如美国政府贸易代表办公室基于美国的反补贴税法，于2020年2月更新了其本国界定的发展中国家和最不发达国家名单，中国等27个新兴经济体被排除在外。[1]尽管美国从未给予中国相关发展中国家优惠待遇，但这份名单还是引起了各界人士的关注和讨论。

中国仍然是最大的发展中国家

中国现在是否仍属于发展中国家，在国际上存在争议。根据世界银行公布的"世界发展报告"来看，中国在1998年前归属于组别最低的低收入国家，人均GNI不足800美元；1998年至2009年中国进入中等偏低收入组别，这十余年也是中国经济快速发展的时期，人均GNI从1998年的800美元提升至2009年的3690美元；2010年起，中国正式进入中等偏高收入国家行列。世界银行2018年公布的数据显示，2017年中国人均GNI为8690美元，仍属于中等偏高收入群体，距离高收入群体的发达国家仍有较大差距。[2]可见，在世界银行标准下，中国仍处于发展中国家行列。

---

[1] 张鹏、赵硕刚：《美国取消我国发展中国家身份的影响及应对建议》，《发展研究》2020 年第 6 期。

[2] 马莹：《WTO 改革视角下再论中国的发展中国家地位》，《上海对外经贸大学学报》2019 年第 6 期。

而根据联合国开发计划署公布的数据来看，2010年以来中国HDI值略高于发展中国家平均值，基本与高HDI组别平均值相近；2012年至2018年，中国的HDI全球排名提升了8位，2019年与2020年都稳定在189个国家或地区中的第85位，是提升最快的国家之一，但仍未进入前60多名极高组别的发达国家行列，相比于极高组别中的世界经合组织（OECD）发达经济体成员仍有较大差距。从健康、教育和经济三个主要维度具体比较来看，2017年中国预期平均寿命为76.4岁，高于发展中国家70.7岁的平均值，与高HDI组别76岁持平，远低于极高组别的79.5岁；健康支出占总GDP的比重，略低于发展中国家的5.4%和高HDI组别的5.8%，远低于极高HDI组别的12.1%；教育方面，中国的平均受教育年限为7.8年，低于高HDI组别的8.2年，与极高组别平均12.2年的受教育年限仍有较大距离；经济方面，根据2011年购买力平价测算，2017年中国人均GNI为15270美元，高于发展中国家平均水平，属于高HDI组别，但仍远低于极高HDI组别的平均40041美元。可见，在联合国开发计划署的人类发展指标中，中国仍属于发展中国家。

总的来说，综合比较联合国统计司、世界银行、国际货币基金组织和联合国开发计划署等多个国际组织关于发展中国家的评价指标，虽然界定方法不同，但是无一例外都将中国划归发展中国家组别。但为何近年来，西方发达国家对中国是否仍属于发展中国家质疑声一直不绝于耳呢？除了西方国家的自身利益考量之外，发展中国家整体的和平发展和经济崛起、中国自身的发展成就和国际影响力，以及西方对发展中国家与新兴国家关系、国际影响力与发展中国家关系、援助国身份与发展中国家关系等的误

2012 年 10 月 1 日，美国华盛顿，世界银行《世界发展报告》媒体发布会现场

读，是西方质疑中国发展中国家地位的主要因素。[1]这些误读在很大程度上都是将"发展中国家"概念政治化的结果。

首先，中国的新兴国家地位与发展中国家地位并不矛盾。中国目前在国际各国中所处的位置和角色，或许就像是在马拉松长跑中，一名从落后的跟跑队伍中逐渐发力、不断赶超，但仍处于第二方阵、尚未进入领跑行列的"黑马"型长跑运动员，并且块头最大、最引人注目。从概念上来说，虽然国际社会对二者都没有明确界定，但对于各自的侧重则有共识。新兴国家概念侧重一国的发展活力与市场潜力，而发展中国家在强调一国发展的态势之外，更强调整体的经济、社会发展水平，具有更加综合的描述性特征。事实上，中国同时具有新兴国家和发展中国家的特征，一方面表现出稳定的经济增长速度与巨大的市场潜力；另一方面并没有根本改变中国经济、社会发展水平整体低下的状态，这就好像一名既在快速奔跑前进但仍未能领先的长跑运动员。例如，人均收入上，2008年中国的人均国民收入仅为2940美元，位居世界第130位，2019年中国的人均GDP首次超过1万美元，但根据世界银行发布的数据，2022年中国人均收入在世界排名第63位，在人均收入、产业结构、城乡发展、区域协调等方面，仍与发达国家存在一定差距。此外，全国整体尤其是广大中西部地区和农村地区，在就业结构、教育水平以及生活水平和生活质量上，仍处在发展中国家水平。

其次，具有影响力的大国与发展中国家身份并不矛盾。一国的国际影响力主要取决于两方面因素，一是综合国力，二是外

---

[1] 金玲、苏晓晖：《西方对中国发展中国家地位的认知》，《国际问题研究》2010年第3期。

2016 年 4 月 29 日，北京大学南南合作与发展学院挂牌成立仪式在北京大学国家发展研究院朗润园举行。南南学院是习近平总书记 2015 年 9 月在纽约联合国总部出席并主持南南合作圆桌会时宣布设立，由中国商务部主管，北京大学主办，北京大学国家发展研究院承办。南南学院由北京大学国家发展研究院联合创始人、名誉院长林毅夫教授担任院长。图为林毅夫院长致辞。

部环境。中国国际影响力的增加，一方面固然反映出中国综合国力的显著提升，但更重要的则由相互依赖的国际体系所决定。此外，一国整体的综合国力与经济社会发展水平并不完全一致，尤其是中国这样的世界人口大国。2003年11月，时任中国国务院总理的温家宝在接受美国《华盛顿邮报》总编采访时指出："13亿，是一个很大的数字，如果你用乘法来算，一个很小的问题，乘以13亿，都会变成一个大问题。如果你用除法的话，一个很大的总量，除以13亿，都会变成一个小的数目。这是许多外国人不容易理解的。"十几年之后，中国总人口至2019年年底已经超过了14亿，因此，中国的影响力，如世界第一出口大国、世界第一制造业大国、世界第二大经济体等，表现出的都是一种"规模效应"，并没有从根本上改变中国发展中国家的根本特征。2020年5月，时任国务院总理李克强在出席全国人大闭幕后的记者招待会时，也用了几个数据反映中国现在的发展情况："中国是一个人口众多的发展中国家，我们人均年收入是3万元人民币，但是有6亿人每个月的收入也就1000元，1000元在一个中等城市可能租房都困难，现在又碰到疫情，疫情过后民生为要。"这可能是很多生活在大城市的中国人不知道的数据，却是人口占中国一半的广大农村地区和中西部落后地区的真实家底，而这正是14多亿人口的中国当前仍处于发展中阶段的最大国情。更为重要的是，中国综合国力和影响力的凸显更多来自外部环境。国际社会日益增加的相互依赖，无论是金融危机还是气候变化、新冠肺炎疫情，发达国家都难以独自应对，凸显了以中国为代表的发展中国家整体的国际地位的提升。在此背景下，西方质疑中国的发展中国家地位，有意把中国在国际社会中的重要性、影响力误读为决定性变化，夸大了中国的综合国力，从而达到西方国家政客自身的政治

2018 年 9 月 3 日，中非合作论坛北京峰会在北京人民大会堂开幕，中国国家主席习近平在发表主旨讲话中指出，中国是世界上最大的发展中国家，非洲是发展中国家最集中的大陆，中非早已结成休戚与共的命运共同体。

1974 年 4 月 10 日，邓小平在联合国大会上发言，指出中国是一个社会主义国家，也是一个发展中的国家，中国属于第三世界。

目的。

最后，援助国身份也不能改变中国的发展中国家地位。虽然西方话语主导下的援助，通常指发达国家对发展中国家的发展合作，但历史上一直存在着另外一种发展合作模式，即发展中国家与发展中国家之间的发展合作，即"南南合作"。中国并非西方所谓的"新兴援助国"，但新中国自成立起，就与其他发展中国家开展合作，至今已超过70年。当前，中国在南南合作框架下的对非援助与西方主导的援助也有很大不同，因此，不能用西方援助理论中的发达国家援助发展中国家的身份关系，来嵌套中国与其他发展中国家的发展合作关系。当然，西方国家近年来逐渐停止对华援助，是西方对中国发展出现的认识偏差，是其本国利益诉求的必然结果，虽在一定程度上也是对中国近年稳定发展成就和脱贫攻坚成绩的认可，但并非表明中国已彻底超越发展中国家阶段。

中国对"最大的发展中国家"身份的认同，是基于中国自身发展状况的正确判断。新中国成立以来，在描述自身身份定位时，曾使用过第三世界国家、发展中国家和新兴市场国家等多种概念。邓小平在1974年4月联合国大会上的发言中指出："中国是一个社会主义国家，也是一个发展中的国家。中国属于第三世界。"[1]虽然目前新兴市场国家和新兴经济体等概念越来越流行，但中国政府自改革开放以来，一直明确将自身定位为"最大的发展中国家"。1988年10月，时任外交部部长钱其琛在美国对外关系委员会演讲时指出："中国是最大的发展中国家，美国是最大

---

[1]《中华人民共和国代表团团长邓小平在联大特别会议上的发言》，《人民日报》1974年4月1日。

的发达国家。中美在互利的基础上进行更大规模的经济交流，可以成为南北合作的范例。"[1] 1997年11月，时任国家主席江泽民在哈佛大学演讲时依旧使用"美国是最发达的资本主义国家，中国是最大的发展中国家"[2]的表述。2013年6月，国家主席习近平在美国会晤奥巴马总统后，《人民日报》再度使用了"中国是最大的发展中国家，也是迅速发展的新兴大国；美国是最大的发达国家，也是实力最强的守成大国"[3]的表述。2018年10月，时任国务院总理李克强在会见时任日本首相安倍晋三时，再度强调"中国是最大的发展中国家，发展经济、改善民生仍然是中国政府的首要任务"。

2017年10月党的十九大，对中国特色社会主义进入新时代以来的中国国情、国际地位和国内社会主要矛盾重新进行了分析，指出中国社会的主要矛盾已经发生了转变，但是基本国情和国际地位依然没有发生改变，我国仍然是世界上最大的发展中国家，我国依然处于社会主义初级阶段。2022年党的二十大，继续强调我国是一个发展中大国，仍处于社会主义初级阶段。这一个"变"、两个"不变"，明确判断了当前中国所处阶段的客观实际。党的十九大报告强调，新时代是中国日益走近世界舞台中央、不断为人类作出更大贡献的时代。"走近"而非"走进"，不仅在于强调中国综合国力和国际地位的快速提升，更在于强调

---

[1]《钱外长在纽约谈中美关系中美扩大经济交流可为南北合作范例》，《人民日报》1988年10月1日。

[2]江泽民：《增进相互了解　加强友好合作——在美国哈佛大学的演讲》，《人民日报》1992年11月2日。

[3]国纪平：《开创大国关系新模式的政治智慧和历史担当》，《人民日报》2013年6月10日。

中国要逐步实现社会主义现代化强国目标，为世界和平和发展作出更大贡献的决心，但同时也不能忽视中国与发达资本主义国家之间的现实差距。[1]中国的人均收入仍低于世界平均水平，人均生产总值仅为美国的1/7到1/6，位列世界中等水平；我国收入分配差距问题比大部分发达国家都要大，基尼系数为0.465左右，超过了国际警戒标准；经济发展与生态发展的矛盾也比很多发达国家要大，我国城市绿化率为58.52%，与发达国家80%左右的绿化率相比相距甚远；产业结构与发达国家相比还需要优化升级，第一产业比重较大，制造业不强，从整体上还属于全球产业的中低端水平的现实依然没有改变；创新能力不强，仍然是与发达国家之间的一个重要差距，虽然近年来在科技创新上有了重大突破，如天宫、蛟龙、天眼、悟空、墨子、国产大飞机等重大科技成果先后问世，但中国关键核心技术的自主知识产权占有率与发达国家相比仍然偏低，关键核心技术依然掌握在大部分发达国家手中。因此，中国是世界上最大的发展中国家的国际地位仍然没有改变。

坚持"世界上最大的发展中国家的国际地位没有变"，是中国共产党和中国政府对国内外相关论调的积极回应。新中国成立以来，尤其是经过40余年的改革开放和快速稳定发展，中国的国际地位逐步提升，但仍将长期面临着发达国家在国际规则和秩序中掌控话语权的压力，将长期属于发展中国家行列。

---

[1]范明英、刘旭雯：《改革开放40年社会主义初级阶段理论发展研究》，《重庆大学学报》（社会科学版）2020年第3期。

表2 1987—2016年间进入世界银行高收入组的国家

	国家	1978 年现价人均GNI（美元）	2016 年现价人均GNI（美元）
1	智利	1670	13540
2	乌拉圭	2210	15230
3	塞舌尔	3200	15410
4	韩国	3480	27600
5	圣基茨和尼维斯	3480	15690
6	葡萄牙	4160	19870
7	安提瓜和巴布达	4440	13560
8	特立尼达和多巴哥	4490	16240
9	马耳他	4930	24190
10	波多黎各	5350	21700
11	斯洛文尼亚	—	19430
12	爱沙尼亚	—	17830
13	捷克共和国	—	17630
14	斯洛伐克共和国	—	17010
15	巴巴多斯	—	15210
16	立陶宛	—	14790
17	拉脱维亚	—	14570
18	波兰	—	12680
19	匈牙利	—	12570
20	帕劳	—	12330

表格来源：刘伟、蔡志洲：《如何看待中国仍然是一个发展中国家？》，《管理世界》2018年第9期。

从上表可以看到，世界银行界定的高收入国家，在30年里增加了20个。从这20个国家的初始状态上看，主要可以分为三类：一是原来的中下等收入国家，只有智利一个国家；二是当年没有公布和提供统计数据的国家，主要是原来实行计划经济的苏联和东欧国家，包括波兰、匈牙利、捷克、斯洛伐克、爱沙尼亚等；三是原来的中等收入国家，包括葡萄牙、韩国、马耳他、波多黎各，还有一些太平洋上的国家。从地区分布上看，在欧洲的国家最多；从历史上看，以东欧国家为主的这些国家，其工业化和城市化发展已经有一定的基础，原来大多已经接近或达到高收入国家的水平，加入欧盟后又得到了一定的政策支持以促进经济发展。俄罗斯原来也属于高收入国家，但2015年又重新变成了上中等收入国家。此外是拉美国家，包括智利、乌拉圭和波多黎各等国家。智利的情况在拉美国家中有代表性，在30年中，由中下等收入国家发展为高收入或接近高收入国家。问题在于其中一些国家长期发展停滞，好几个国家多年来一直在中上等收入和高收入国家之间徘徊，委内瑞拉和阿根廷在2014年成为高收入国家，但2015年委内瑞拉又退为中上等收入国家，而阿根廷则在2016年也变回上中等收入国家。所谓的"中等收入陷阱"问题，在拉美国家表现得非常明显，即所谓"拉美漩涡"。亚洲从中等收入国家发展成高收入国家的，虽然只有韩国，但是发展较为成功，人均GNI已经接近3万美元，属于发达国家中等水平。

目前和中国处于相近发展水平的国家（即人均GNI在1万美元左右的上中等收入国家）在世界上有很多，如拉美国家、东亚和太平洋地区高收入以外的国家、西亚北非国家、中亚国家等，但中国的情况和大多数上中等收入的发展中国家有所不同，这就是中国在政治、经济、社会、文化、环境这"五位一体"各个方面的发展正处于积极的上升时期，而很多国家到了这一阶段，各项发展尤其是经济发展开始陷入停滞。如以富国俱乐部著称的经合组织的35个成员国中，有32个成员国为发达国家，但仍然有智利、墨西哥和土耳其3个成员国被联合国开发计划署归类为发展中国家。这3个国家很早就是中上等收入国家，但一直徘徊在发展中国家和发达国家的门槛上，即使长期身为经合组织成员国，仍然无法顺利跨越"中等收入陷阱"。此外，更有大量的发展中国家进入中上等收入阶段后，长期难以成长为发达经济体，出现所谓"拉美漩涡""东亚泡沫""西亚北非危机"等现象。在经济规模较大的经济体中，只有韩国等极少数国家发展得比较好，通过科技创新和持续增长，在二战结束之后从发展中国家进入发达国家行列。

因此，要想跨越"中等收入陷阱"，实现全体中国人民共同富裕，在和平与发展的时代主题下，中国只有继续坚持改革开放，依靠全体人民的努力发展和锐意创新，踏踏实实把自己的事做好，真真切切把自身的问题解决好，才能实现国家富强和民族复兴。

中国还有很多事情需要做

中国的发展需要主动应对世界大变局，在变局中开新局。当今世界正处于百年未有之大变局，经历着人类历史上新一轮的大发展大变革大调整，大国战略博弈全面加剧，国际政治秩序深度调整，人类文明发展面临的新机遇新挑战层出不穷，不确定不稳定因素明显增多。

天下大势，浩浩荡荡，顺之则昌，逆之则亡。经济全球化大潮滚滚向前，科技革命和产业变革深入发展，全球治理体系深刻重塑，国际格局加速演变，和平发展大势不可逆转。人类交往的世界性比过去任何时候都更深入、更广泛，各国相互联系和彼此依存比过去任何时候都更频繁、更紧密，和平、发展、合作、共赢已成为时代潮流。"一体化的世界就在那儿，谁拒绝这个世界，这个世界也会拒绝他。"世界各国可以在因应这些世界大势带来的机遇和挑战的过程中，顺势而进者走强、逆势而动者走弱，并依据实力、地位消长和驾驭国际规则的水平而重新排列组合。

习近平总书记指出："面对这种局势，人类有两种选择：一种是，人们为了争权夺利恶性竞争甚至兵戎相见，这很可能带来灾难性危机。另一种是，人们顺应时代发展潮流，齐心协力应对挑战，开展全球性协作。"面对这种世界百年未有之大变局，中国需要顺应时代发展潮流，齐心协力，积极应对。人类的命运从没有像今天这样紧密相联，各国的利益从没有像今天这样深度融合。再没有哪个国家能够独自应对人类面临的各种挑战，再没有哪个国家能够退回到自我封闭的孤岛。当今世界，开放融通的潮流滚滚向前，全球化的历史大势不可逆转，融入世界正是历史大方向，和平、发展、合作、共赢是世界各国的共同追求。中国作为世界和平的建设者、全球发展的贡献者、国际秩序的维护者，近年来不断增加主场外交，积极主动作为，展现作为负责任大国的应有姿态。从2014年北京APEC会议、2016年杭州G20峰会，到2017年"一带一路"国际合作高峰论坛，2018年博鳌亚洲论坛年会、上海合作组织青岛峰会、中非合作论坛北京峰会和中国国际进口博览会的四大主场外交，再到2019年的第二届"一带一路"

2013 年，中国提出共建"一带一路"倡议。十年来，"一带一路"建设成果丰硕，为世界经济增长开辟了新空间，为国际贸易和投资搭建了新平台，为完善全球经济治理拓展了新实践，为增进各国民生福祉作出了新贡献，成为共同的机遇之路、繁荣之路。图为在位于江苏省连云港港口的连云港中哈物流基地，大型龙门吊正在进行集装箱吊装作业。

国际合作高峰论坛、亚洲文明对话大会等盛会，新冠肺炎疫情在世界各国扩散以来，中国继续成为经济增速保持前列的主要经济体，国际社会正看到越来越多的中国方案与中国智慧。

中国既面临着历史机遇，又面临着严峻挑战。中国要建设世界科技强国，就一定要解决好科技领域存在的"卡脖子"问题，大力发展科学技术并推进科技产业化规模化，努力成为世界主要科学中心和创新高地，不断提升在全球产业链中所处的位置。

而中国经济要发展，就要继续坚持改革开放，敢于到世界市场的汪洋大海中去游泳、去搏击，如果永远不敢到大海中去经风雨、见世面，总有一天会在大风大浪中溺水而亡。按照国际货币基金组织定义，以购买力平价计算，新兴市场与发展中经济体的经济总量占世界比重于2008年首度超过50%，于2018年达到59.2%，预计2024年将达到63.5%。在这样和平与发展的世界大趋势中，中国作为世界上最大的发展中国家，只有主动参与、推动引领经济全球化进程，发展更高层次的开放型经济，才能不断开拓广阔发展空间，为共建开放型世界经济作出更大贡献。

中国的发展需要从量变到质变的变革。时代的发展有一个从量变到质变的过程，在量变中蕴含和孕育着质变，质变是量变的必然结果，同时又开始新的量变。世界百年未有之大变局，作为一种跨时代性的巨大变革，会催生新的机遇，也充满着风险挑战，既是一个辩证统一的过程，同时也需要经历从量的积累到质的飞跃的长期变化阶段。

在动态中把握我国社会所处发展阶段，要注意一定历史发展阶段中的量变和部分质变。中国特色社会主义进入新时代以来，我国社会主要矛盾发生了变化，这是我国社会发展在新时代、新发展阶段所呈现出的新特征和新挑战，但我国的基本国情和国际地位没有变。无疑，中国始终追求并在走向发达之路，但其进程并非一马平川，而是呈现出复杂的矛盾和特征。一个发展中国家的现代化过程，就是消除贫困、摆脱落后并进一步提高发展水平、实现发达的过程。中国的现代化进程是一个工业化、城镇化、规模化不断加速的过程，也是欠发达与较发达互补的过程，更是不平衡与不充分共存的过程。这是一个不断量变从而实现质的提高的动态过程，代表着中国从发展中国家成为中等发达国家进而进入发达国家行列的奋斗历程和复兴之路。

中国GDP规模自2010年以来位居世界第二位，中国的国际竞争力排名也在不断提升，2008年为世界第30位、2009年为第29位、2010—2011年为第27位、2011—2012年为第26位，是金砖国家中唯一进入前30位的。2020年中国的人均GDP更是在历史上首次超过俄罗斯、阿根廷等国，2021年至今人均GDP保持在1.2万美元以上。这部分指标虽然表明中国总体经济水平已进入世界前列，似乎难以定位为一般意义上的发展中国家，但是其他的指标却表明中国仍处于世界发展后列。比如，从经济社会发展平衡性的角度来看，发达国家内部发展较为平衡，城乡之间、区域之间差距较小；而中国仍处在发展失衡突出的阶段，城乡之间、区域之间、社会阶层之间的差距较大，有些方面的差距甚至还在扩大，不平衡不充分的发展矛盾突出，具有发展中国家的典型特征。

如果以2020年联合国开发计划署发布的人类发展指数为依据、分省份考察中国各省级行政区的发展水平的话，可以很直接地发现，中国目前只有香港地区、澳门地区、台湾地区已达到世界前列的极高发展水平，北京市、上海市、天津市、江苏省、广东省和浙江省发展水平进入发达经济体的中下等行列，除此之外的25个省级行政区仍处于发展中经济体水平，其中贵州省、云南

近年来，地处中国西南部的贵州在破解"黔路难"的基础上，利用当地山水资源，大力发展山地农业和生态旅游，图为贵州青岩古镇。

1996 年，东西部扶贫协作工作正式启动，全国一盘棋，先富带后富。福建省帮扶宁夏回族自治区的"闽宁模式"成为全国东西扶贫协作典范。图为发展中的宁夏回族自治区永宁县闽宁镇。

省和西藏自治区更是尚处于发展经济体的中等水平。这也表明，中国中西部地区尤其是广大农村地区，还存在大量的欠发达情况。要完成从发展中国家到发达国家的质变，中国还有很多量变的过程需要逐步积累，还有很多自身的发展问题需要解决，必须集中精力聚焦经济社会建设，努力解决国内发展问题。

"行百里者半九十"，在面对世界百年未有之大变局，中国作为世界上人口最多、规模最大的发展中国家，虽已进入社会主义初级阶段的新发展阶段，但还有很多自身问题亟待解决，还有很多坎坷之路需要探索，还有很多艰难险阻需要克服。

中国经过40余年的改革开放，探索出中国特色社会主义道路，已经找到了实现可持续发展的正确途径和社会长期有效运转的治理模式。从静态国际比较上看，发展不平衡、不充分是中国的不足，但从另一个角度看也是中国的发展优势和潜力所在，可以通过改善不平衡、不充分的问题，实现进一步的发展。目前，中国特色社会主义进入新时代，在优先发展的沿海发达省份，很多领域在体制、科技、市场、产业发展、消费升级等诸多方面，逐渐赶上甚至超过了世界先进水平，为国家的整体发展形成示范效应和引领作用，而发展较慢的领域和地区则有生产要素上的比较优势，可以通过国家和先进地区的扶持和带动形成跨越式的发展。虽然中国的人均GDP还处于中等收入发展中国家的水平，但是中国作为一个有着14亿多人口的大国，经济总量是巨大的。如果说改革开放初期，中国在集中力量办大事方面已经比其他发展中国家有了一些优势，那么现在，这种优势就更加凸显出来，将为中国的高质量发展和解决经济社会发展的短板问题提供有力的支持。

从需求侧来看，中国14亿多人口所形成的统一而广泛的市场规模，无论在水平上还是在范围上，都还有非常大的提升空间，

各地以共享理念促进贫困地区教育均衡发展。图为湖北省潜江市第二实验小学与该市龙湾镇腰河小学、马家台小学两所农村小学实现远程同步教学。

2021 年 2 月 25 日，习近平总书记在全国脱贫攻坚总结表彰大会上，向全世界庄严宣告脱贫攻坚战取得全面胜利，全面建成小康社会的第一个百年奋斗目标即将如期完成。

已经形成4亿多人规模的中等收入群体，中国国内市场的消费需求将在可预见的年限内很快超过美国，成为世界上国内消费力市场第一大的国家。在国际上，随着"一带一路"倡议在世界各国得到广泛响应，加上对外经济合作的升级，中国在全球经济中的地位将不断提升。而从供给侧来看，中国通过供给侧结构性改革，在体制、经济结构、收入分配等领域进行了一系列深化改革，极大地改善了高质量发展的基础。

在各个国际机构的年度报告中，脱贫、环境的可持续发展一直是重要的主题，很多发展中国家就是因为不能解决这些方面的矛盾而无法由中上等收入国家发展成为高收入的发达国家，关键在于它们没有或不能解决发展的体制和机制问题，没有找到和建立适合本国国情的经济、社会的体制以及确定合适的发展道路。然而在中国，为了打赢全面建成小康社会的收官之战，为了让每一个中国人都能享受到改革开放的发展果实，为了让广大农村地区和落后地区都摆脱绝对贫困，以习近平同志为核心的党中央在2013年11月提出"精准扶贫"理念，在2015年召开全国扶贫开发工作会议，并提出实现脱贫攻坚目标的总体要求，打响"脱贫攻坚战"。同样是艰巨的任务，由于有中国各级政府尤其是中央政府的高度重视、艰苦奋斗、体制保障和制度创新，通过全体人民的共同努力，中国创造了一个又一个的发展奇迹。习近平总书记在2021年2月25日召开的全国脱贫攻坚总结表彰大会上，向全世界庄严宣告全国脱贫攻坚战取得全面胜利，全面建成小康社会的第一个百年奋斗目标即将如期完成。至此八年间，全中国累计派出25万多个驻村工作队、300多万名驻村第一书记或驻村干部，一对一开展精准帮扶工作，最终使得全国832个贫困县、12.8万个贫困村全部脱贫摘帽，9899万贫困人口彻底摆脱绝对贫困，全国脱贫攻坚战如期取得全面胜利，创造了人类减贫史上的最大奇迹。中国共产党和中国政府在整体改善民生的同时，也为未来的可持续发展创造了良好条件。

随着全面建成小康社会目标的实现，中国已经开启全面建成社会主义现代化强国的新征程，即第二个百年奋斗目标新征程。与此同时，中国广大农村地区在全面完成精准扶贫任务后，也已开启乡村振兴的新征程。可以预见，中国完全能够避免很多中等收入国家所出现过的经济徘徊的老路，通过不断地突破取得发展，从一个发展中国家逐步发展成为发达国家，建设成为中国特色社会主义现代化强国。

第三章

为什么说
中国特色社会主义
进入新时代

2012年12月8日，深圳莲花山上郁郁葱葱，习近平总书记在这里亲手种下一棵高山榕。十年过去后，这棵榕树枝繁叶茂、苍劲挺拔，见证着新时代中国特色社会主义欣欣向荣、蓬勃发展，见证着中华民族伟大复兴翻开宏大历史崭新一页、续写恢宏时代壮丽诗篇。站在新的历史起点上，2017年10月，习近平总书记在党的十九大上向全党、全国人民郑重宣布："经过长期努力，中国特色社会主义进入了新时代，这是中国发展新的历史方位。"2022年10月党的二十大报告，进一步阐明了新时代新征程上中国共产党的使命任务。人们可能会问，中国特色社会主义进入新时代有什么含义？进入新时代的标志是什么呢？新时代又"新"在何处？

中国特色社会主义从哪里来

回顾近代历史，考察世界变化，可以看到西方资本主义强国的发展大多是以对内剥削、对外掠夺来实现的。少数发展中国家走资本主义道路虽然在某个时期实现了经济快速增长，但出现了严重的两极分化，以及社会矛盾加剧、生态环境恶化等严重问题。对于中国这样一个经济文化落后的东方大国来说，这两条发展道路都走不通。要改变旧中国积贫积弱、内忧外患的悲惨命运，实现民族振兴、国家富强，增进人民福祉，没有现成的模式可以参照，只能探索新路。

这条新路，就是在中国实行社会主义制度。新中国成立后，中国共产党成为执政党，这为在中国进行社会主义革命和建设社会主义提供了前提。从中华人民共和国成立到社会主义改造基本完成，是中国从新民主主义到社会主义的过渡时期。在党的第一代中央领导人毛泽东提出的过渡时期总路线的指引下，中国共产党通过开辟适合中国特色的社会主义改造道路，胜利完成了对农业、手工业和资本主义工商业的社会主义改造，建立了社会主义制度。

随着中国进入社会主义社会，如何探索一条适合本国国情的社会主义建设道路的问题突出地摆在中国共产党面前。无论是革命还是建设，毛泽东一贯主张独立探索，反对照抄照搬外国经验。《论十大关系》和《关于正确处理人民内部矛盾的问题》被称为是中国共产党独立探索中国社会主义建设道路的光辉文献。其中，《论十大关系》是毛泽东在1956年听取国务院有关部门汇报基础上形成的。《关于正确处理人民内部矛盾的问题》是毛泽东于1957年2月在最高国务会议上的讲话，在这篇讲话中，他从哲学世界观的高度即矛盾的高度认识什么是社会主义社会。这两次讲话，标志着毛泽东对中国社会主义建设道路的探索开始形成一个初步的但比较系统的思路。1956年召开的中共八大，正确指出了中国社会主义的主要矛盾，已不是阶级斗争，而是"人民对于经济文化迅速发展的需要同当前经济文化不能满足人民需要的状况之间的矛盾"，明确提出党和国家的主要任务是"保护和发展生产力"。在毛泽东的两个讲话和八大精神的指引下，中国共产党进行了长达20年的社会主义建设道路的艰辛探索。

社会主义制度在中国确立后，中国共产党对社会主义建设道路的探索取得了历史性的成就。这种历史性成就突出表现在两个方面：一方面，就是为中国特色社会主义的开创奠定了坚实的理论基础；另一方面，就是为中国特色社会主义的开创奠定了物质基础。例如，建立了独立的比较完整的工业体系和国民经济体系，实现了低标准的社会主义工业化，能够自行生产汽车、飞机、轮船等重型装备；在全国建立了一大批国有企业，如大庆油田、攀枝花钢铁公司；兴建了大量的基础设备，包括交通、能源和农田水利设施等，修建成渝、宝成、成昆、湘黔铁路干线，建设武汉、南京长江大桥；教育、科学、文化事业有很大发展，培养了一大批各方面专

20 世纪 60 年代，中国工人在黑龙江的荒原上开采石油，建设了全国
最大的油田，保证了经济建设所急需的石油供应。

列席中共八大的各国代表团在大会上

1956 年 9 月，中国共产党第八次全国代表大会在北京举行。这是建国后中国共产党第一次召开全国代表大会。大会指出：社会主义制度已经在我国基本上建立起来；国内的主要矛盾是人民对于经济文化迅速发展的需要同当前经济文化不能满足人民需要的状况之间的矛盾；党和全国人民的主要任务，就是要集中力量解决这个矛盾，把我国尽快地从落后的农业国变为先进的工业国。

中共十一届三中全会会场

1978 年 12 月 18 日至 22 日，中共十一届三中全会在北京举行。全会作出了把党和国家工作重点转移到社会主义现代化建设上来和实行改革开放的战略决策，重新确立了马克思主义的思想路线、政治路线、组织路线，实现了具有深远历史意义的伟大转折。

业人才；科学技术有重大突破，开发了大型电子计算机，自力更生地成功发射了"两弹一星"。这些成绩的取得，初步显示了社会主义制度的优越性。正如中国改革开放总设计师邓小平后来所评价："我们尽管犯过一些错误，但我们还是在三十年间取得了旧中国几百年、几千年所没有取得过的进步。"

以1978年12月中共十一届三中全会为标志，中国进入改革开放新的历史时期。新的历史时期，就是中国特色社会主义开创与发展时期，它的核心内涵和鲜明特点是改革开放。

邓小平作为中国改革开放的总设计师，以他为核心的党中央为开辟改革开放新道路进行了很多宝贵的探索，成功开创了中国特色社会主义道路。当时所进行的探索中，有几件事情的影响很大。

第一件事，发动和领导真理标准问题大讨论，解放全党的思想。真理标准问题大讨论的主题是破除"两个凡是"。当时有一家报刊发表了题为《实践是检验真理的唯一标准》的文章，标志着真理标准问题讨论的开始。随后，邓小平发表的三个讲话，即1978年6月初在全军政治工作会议上的讲话、同年9月的"北方谈话"和同年年底发表的被称为十一届三中全会主题报告的《解放思想，实事求是，团结一致向前看》讲话，对真理标准问题大讨论的展开、否定"两个凡是"起了决定性作用。这是一次全党和全国范围空前的马克思主义教育运动，吹响了解放思想的号角，开启了改革开放汹涌澎湃大潮的闸门。它对当代中国发展进步发生了巨大而深刻的影响——重新确立的马克思主义的思想路线，既为拨乱反正提供了强大思想武器，也为改革开放奠定了坚实思想基础；在组织路线上既成为确立以邓小平同志为代表的中国共产党人的巨大推动力，又提供了丰富的干部资源；在政治路线上实现了从以阶级斗争为纲到以经济建设为中心、从僵化半僵化和

1992年1月18日至2月21日，邓小平先后视察武昌、深圳、珠海、上海等地，发表了备受国内外关注的"南方谈话"，对十一届三中全会以来改革开放和现代化建设的基本实践和基本经验进行了科学总结，进一步阐明了改革开放的重大意义，阐述了建立社会主义市场经济体制的基本原则。"南方谈话"掀起了改革开放的新高潮。图为邓小平在广东省视察。

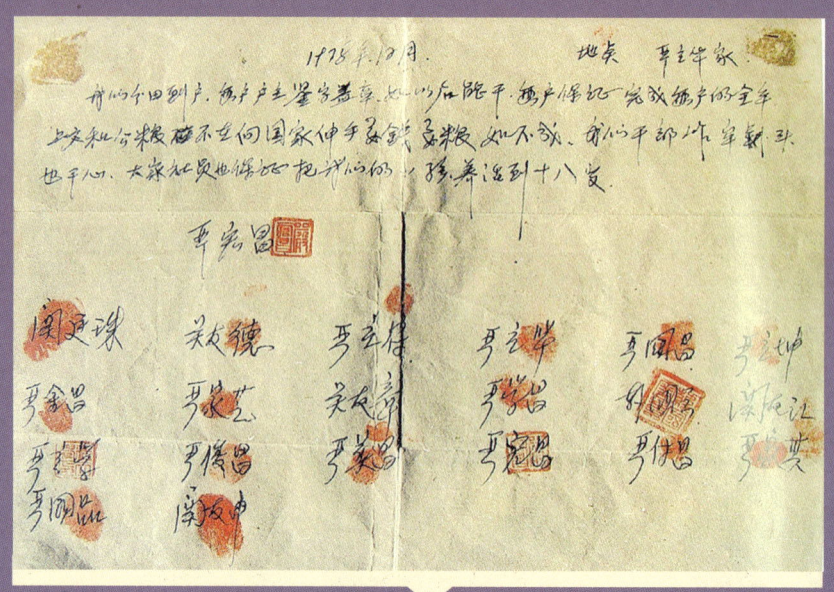

1978年，安徽省凤阳县小岗村的18位农民在"包产到户"契约上按下手印。中国农村改革的序幕从此拉开了。

2018年，游客在有"中国农村改革第一村"之称的安徽省凤阳县小岗村参观。

封闭半封闭到全面改革开放、从计划经济到社会主义市场经济的伟大历史转折，当代中国从此进入建设社会主义新的历史时期。

第二件事，默许和支持农村改革，实行家庭联产承包责任制。中国的改革从农村开始。十一届三中全会前，安徽、四川等省农民自发地实行与那时政策相抵牾的包产到户等，被视为"异端"。邓小平支持这样的"异端"。十一届三中全会后，中央肯定了包产到户等家庭联产承包责任制。邓小平评述这个进程指出："农村改革的成功增加了我们的信心，我们把农村改革的经验运用到城市，进行以城市为重点的全面经济体制改革。"如果将农村改革比喻为改变中国命运的第一棒火炬，那么它引发的全面改革就是燃遍中国的熊熊火焰，神州大地在改革浴火中获得新生。

第三件事，倡导兴办经济特区，推动形成全国对外开放格局。邓小平指出："中国的经济开放政策，这是我提出来的。"首先是倡导兴办经济特区。1979年4月，广东省委领导提出在深圳、珠海、汕头开办出口加工区建议后，邓小平指出："在你们广东划一块地出来，搞一个特区怎么样？过去陕甘宁就是特区嘛，中央没有钱，你们自己去搞，杀出一条血路来！"随后，中央决定在深圳、珠海、汕头、厦门试办特区。1992年春天，邓小平在视察深圳、珠海时，对特区的巨大变化无比兴奋。他回顾历史说："对办特区，从一开始就有不同意见，担心是不是搞资本主义。深圳的建设成就，明确回答了那些有这样那样担心的人。特区姓'社'不姓'资'。"这不仅是对特区建设的肯定，也是对那些怀疑改革的人的明确回答。我国的对外开放在邓小平的指导和关怀下，相继建立4个特区后，又先后将海南全岛辟为经济特区、上海浦东辟为开发区，同时开放沿海14个大中城市和长、珠、闽三角地区。1992年"南方谈话"后，新一轮开放浪潮以迅

世界贸易组织第四届部长级会议审议并通过中国加入世贸组织的决定
在历经 15 年的艰苦谈判后，2001 年 11 月 10 日，世界贸易组织第四
届部长级会议在卡塔尔首都多哈审议并通过了中国加入世贸组织的决
定，中国对外开放从此进入一个新阶段。

猛之势由东向西、由南向北推进。至20世纪90年代后期，我国已形成对外开放全方位格局。加入世贸组织后，对外开放既"引进来"又"走出去"，中国的发展更加融入世界，初步形成中国的发展离不开世界、世界的发展同样离不开中国的局面。

随着实践的深入发展，中国特色社会主义理论、道路和制度也日益成熟起来。以1992年邓小平"南方谈话"和中共十四大召开为标志，中国改革开放和现代化建设进入一个新的发展阶段。中共十四大第一次明确提出中国经济体制改革的目标是建立社会主义市场经济体制，第一次对"建设有中国特色社会主义理论"的主要内容进行新的概括。这是一个历史性的创举。1997年中共十五大明确把"建设有中国特色社会主义理论"正式命名为邓小平理论，确立为全党的指导思想。邓小平理论是中国特色社会主义理论体系的开创之作，是其最基础的重要组成部分之一。同时，中共十五大制定了中国特色社会主义经济、政治、文化纲领，初步形成中国特色社会主义建设"三位一体"的总体布局。2012年中共十六大在党的正式文件中首次将"有中国特色社会主义"的提法改变为"中国特色社会主义"。这一提法上的变化，标志着中国共产党对中国特色社会主义的认识和理解更为深刻。2007年中共十七大把社会建设提升到与经济、政治、文化建设并重的高度，使中国特色社会主义事业总体布局从"三位一体"提升到"四位一体"，进一步拓展了中国特色社会主义的内涵。

经过改革开放40多年的努力，中国实现了两个伟大历史转折，即实现了从高度集中的计划经济体制到充满活力的社会主义市场经济体制的伟大转折，形成和发展符合当代中国国情、充满生机活力的新的体制机制；实现了由封闭走向开放的伟大转折，利用国际国内两个市场、两种资源，大大增强国际竞争力。在这两大历史转折中，中国不仅成功地实现了经济持续快速发展，而且成功地走上了一条符合自身实际的中国特色社会主义道路。

判断进入新时代的客观依据

经过数十年的持续快速发展，中国特色社会主义建设事业取得长足进步，人民生活水平得到全面提升，经济总量于2010年跃居世界第二。这样巨大的成绩是来之不易的，也是弥足珍贵的。

随着时代的推移，现如今，中国发展面临的形势出现了重大而深刻的变化。从国际发展大势来看，世界经济在大调整大变革之中出现了一些新的变化趋势，国际金融危机深层次影响持续蔓延，西方国家结束黄金增长期，世界经济进入深度调整期，国际竞争更趋激烈，保护主义、单边主义、逆全球化初见端倪。从中国内部问题来看，改革开放以来长期快速发展过程中，内部积累的矛盾、问题也不少。比如，发展不平衡不充分，发展质量和效益不高，经济大而不强，城乡、区域发展不协调，资源环境约束日益趋紧，等等。

"知其事而不度其时则败。"在这种国际、国内形势"变"和"不变"叠加时期，如果还简单地沿袭过去的发展路子，一成不变地秉持过往的发展观念，把发展片面理解为增加生产总值，一味以GDP排名比高低、论英雄，显然已经行不通，也不合时宜。

正是在这样的背景下，中共十八大后，中国共产党以宽广的视野观察当今世界和当代中国，科学分析时代大势，准确把握发展要求，创造性提出新发展理念、统筹推进"五位一体"总体布局、协调推进"四个全面"战略布局，成功解决了新形势下实现

1980 年：建设中的深圳

2020 年 10 月 22 日，中国城市竞争力报告发布，深圳排名第一。图
为深圳繁华美丽的夜景。

什么样的发展、怎样实现发展的一系列重大问题，为解决中国特色社会主义发展面临的问题提供了系统性方案。

在此前发展的基础上，近年来中国的经济实力、科技实力、国防实力、综合国力再次跃上新台阶，进入世界前列，中国国际地位实现前所未有的提升，党的面貌、国家的面貌、人民的面貌、军队的面貌、中华民族的面貌发生了前所未有的变化，中华民族正以崭新姿态屹立于世界的东方。这些伟大成就是在改革开放新时期发展基础上取得的，但又是带有全方位的、开创性的、历史性的成就。这些成就的取得，标志着中国特色社会主义进入新时代。

历史告诉人们，社会主义从来都是在奋勇开拓中前进的，并随着形势和条件的变化而不断向前发展。坚持和发展中国特色社会主义，需要准确把握时代特点、直面时代课题，在体现时代性、把握规律性、富于创造性中不断展现蓬勃的生机活力。中国特色社会主义新时代，是承前启后、继往开来、在新的历史条件下继续夺取中国特色社会主义伟大胜利的时代，是决胜全面建成小康社会、进而全面建成社会主义现代化强国的时代，是全国各族人民团结奋斗、不断创造美好生活、逐步实现全体人民共同富裕的时代，是全体中华儿女勠力同心、奋力实现中华民族伟大复兴中国梦的时代，是中国日益走近世界舞台中央、不断为人类作出更大贡献的时代。

之所以说中国特色社会主义已经进入新时代，判断依据就是中国社会主要矛盾发生了变化，即由"人民日益增长的物质文化需要同落后的社会生产之间的矛盾"转化为"人民日益增长的美好生活需要和不平衡不充分的发展之间的矛盾"。

那么，中国社会主要矛盾的变化是怎么发生的？又到底发生了什么变化？要回答这个问题，需要从矛盾的双方去观察变化。

从矛盾一方，即人民需要方面来讲，经过数十年的快速发展，中国人民已经不只满足于对物质生活方面的需求，而且对民主、法治、公平、正义、安全、文化、环境等方面的要求也日益增长。为不断满足人民这些需要，中国共产党和中国政府锐意改革、励精图治，不断推动各项事业的变革式发展。

满足人民群众对民主法治的需要。严格执行领导干部干预司法活动的记录、通报和责任追究规定，公开通报违法干预典型案件，防止把党的领导作为个人以言代法、以权压法、徇私枉法的挡箭牌；贯彻以人民为中心的发展思想，紧紧依靠人民群众推进依法治国，深化立法、执法、司法公开，拓宽人民群众参与、表达、监督渠道，更加注重广纳群言、广集众智、广用民力，使法治建设深深扎根于人民创造性实践中。完善人民群众合法权益保障立法，加强人权司法保障，推出大批便民利民新举措，让人民群众有更实在、更深切的获得感。

满足人民群众对民生保障和改善的需要。围绕建立更加公平、可持续的养老保险制度，我国政府制定实施《城乡养老保险制度衔接暂行办法》，开展养老服务业和公办养老机构改革试点。同时还陆续推出大学生创业引领计划，出台失业保险支持企业稳定岗位政策，健全企业职工工资正常增长机制，提高低保等城乡困难群体救助水平，发布实施《社会救助暂行办法》，改革完善基本医疗保险制度，在全国推开城乡居民大病保险，完善基本药物制度，扩大城市公立医院改革试点，实现公租房、廉租房并轨运行，推进共有产权住房改革。

满足人民群众对安全的需要。中国共产党和中国政府高度重视平安中国建设，明确提出把平安中国建设置于中国特色社

改革开放 40 多年来，中国的经济实力、科技实力、国防实力和综合国力不断增强。图为 2017 年 4 月 26 日，首艘国产航母下水仪式在大连举行。

　　十九大报告提出，要在幼有所育、学有所教、劳有所得、病有所医、老有所养、住有所居、弱有所扶上不断取得新进展，保证全体人民在共建共享发展中有更多获得感。

主义事业发展全局中来谋划，把人民群众对平安中国建设的要求作为努力方向，努力解决深层次问题，建设平安中国，确保人民安居乐业、社会安定有序、国家长治久安。相关数据显示，近年来，中国严重暴力犯罪案件呈明显下降趋势，重特大火灾、道路交通事故逐年减少，人民群众安全感始终保持在 90% 以上。民生关系平安，近年来中国很多地方积极推动从注重管理向注重治理转变，构建多元化社会治理格局，确保国家长治久安。

满足人民群众对美好环境的需要。中国政府高度重视环境保护工作，提出"用制度保护生态环境"，按照"源头严防、过程严管、后果严惩"的思路，构建生态保护和生态文明建设的新机制。为加强环境保护力度，中国政府出台国有林区改革指导意见和国有林场改革方案，推动建立国家公园体制；提高排污费征收标准、扩大征收范围、加大处罚力度，推进排污权有偿使用和交易试点，开展环境污染第三方治理体系；强化节水准入，开展水权试点；以硬约束加快淘汰落后产能、燃煤小锅炉和老旧汽车，坚持行政手段、经济手段、法律手段"三管齐下"，以总量控制、源头治理、区域联动的共同努力，"向雾霾宣战"，争取"雾开霾散"，实现生态环境持续改善。

满足人民群众对文化生活的需要。近些年，我国公共文化服务体系已经初步建立并在不断完善，取得不俗成绩。我国已初步建成包括国家级、省级、地市级、县级、乡级、村级和城市社区六个级别的公共文化服务网络；农村的公共文化服务能力增强，农村基本实现广播电视村村通、户户通，而且不仅是集中居住点实现户户通，更重要的是在游牧地区也装有太阳能电池、可以收看电视广播的"马背电视"，海洋渔船装上卫星电视，为渔民送上文化大餐。同时，我国还大力发展文化志愿者，解决基层缺乏

各地竞相开展森林城市、园林城市建设，推动城市绿色发展，提升城市宜居品质。图为"国家森林城市"浙江省衢州市打造的市民休闲游憩场所。

自 2008 年 开 始，公共文化设施如博物馆、纪念馆、美术馆、图书馆、文化馆（站）等实行了全面免费开放。图为青海省博物馆免费向公众开放。

文化人才问题，现在已经有文化志愿服务组织机构近8000个，文化志愿者超过百万人，形成一支专兼结合的基层文化工作队伍。所有这些，都极大程度地满足了人民群众对文化生活的需求。

中国共产党和中国政府围绕民主法治、社会保障、社会治理、生态文明、文化供给等方面，所做的大量工作让人民群众得到实惠，受到人民群众的广泛好评。这既体现了中国共产党以人民为中心的执政理念，又反映了中国人民需要的深刻变化。

从矛盾的另一方面，即社会生产力水平方面来说，经过数十年的快速发展，我国社会生产力水平总体上显著提高，社会生产能力在很多方面进入世界前列。

近些年，中国持续实施制造强国战略，一方面在基础科学研究上取得突破性进展，为战略新兴产业和高端制造业发展奠定基础；另一方面推动以高端装备制造业、高技术产业等为代表的新主体、新业态的快速增长，为中国经济灌注强大的内驱动力，成为发展新引擎。这些代表性的成就，是中国生产能力快速发展和提升的一个缩影。

当然，在看到改革发展取得巨大成就的同时，也应该理性地认识到存在的突出问题，即发展不平衡不充分问题。这个问题已经成为满足人民日益增长的美好生活需要的主要制约因素。那么，当前我国发展不平衡不充分问题到底体现在哪些方面呢？

一是现代服务业发展相对于制造业的不平衡不充分。世界各国经济发展的规律是，在经济发展进入中高收入阶段后，经济增长必将从主要依靠工业化转向服务业化。从中国的情况看，在对经济增长的贡献上，服务业已经超过制造业，但是服务业增加值占GDP的比重只有51%左右，远远低于发达经济体60%—70%的水平。在服务业中，尽管信息技术发展较快，但科教文卫等现代服务业的潜力还没有充分发挥，这导致服务业的劳动生产率一直低于制造业。在制造业方面，中国是全世界工业门类最齐全的工业化国家，制造业产值于2012年超越美国，现在中国成为全球第一制造大国。不过，从制造业总体的技术水平看，与发达国家尚存在较大差距。

二是消费相对于投资的不平衡不充分。近些年，尽管中国消费已经取代投资成为拉动经济增长的第一驾"马车"，但是投资占GDP的比重依然高达45%，而消费率依然只有52%左右的水平。导致中国消费率偏低的因素很多，有些是正常的，例如人口红利时期的储蓄率通常较高；有些是不正常的，除了经济发展过度依赖要素投入、城乡收入差距大、区域经济发展差距大之外，其中一个突出的因素就是在国民可支配收入的分配中，与其他主要经济体相比，中国居民收入占比较低。这说明，中国还需要更好地发挥政府宏观指导作用，有效践行政府在提供基本养老、医疗、教育等方面的公共职能。

三是增长动能的不平衡不充分。从增长动能上看，突出表现为相对于资本、劳动力、土地等要素投入，作为经济增长第一驱动力，创新的关键作用发挥得不平衡不充分。以研发投入为例，中国已经成为仅次于美国的第二大研发投入国家，但从各个产业看，现代服务业和先进制造业的研发投入强度还偏低，这也是中国产业结构不平衡不充分的根本原因。从区域看，中国的中西部地区的研发投入强度大大低于东部地区，并且差距还在不断拉大。

四是区域和城乡上的不平衡不充分。世界各国经济发展的历史表明，随着经济增长，区域之间和城乡之间的人均GDP存在收敛的趋势，即区域和城乡间的差距逐渐缩小。但是，中国的情况似乎并非如此。从城乡格局看，相对于城市，乡村经济发展更加不平衡不充分。改革开放至今，中国城乡居民的收入差距依然较大。

从以上几个方面分析可见，中国共产党作出的关于中国社会主要矛盾已经转化为人民日益增长的美好生活需要和不平衡不充

综合性国家科学中心是国家创新体系建设的基础平台。图为安徽省合肥市综合性国家科学中心的中国科技大学多光子纠缠实验室，科研人员正在进行量子计算和量子模拟实验。

分的发展之间的矛盾这个新的论断，既是对中国社会主要矛盾发生了转化的实际所作的实事求是的重要判断，又是一个重大的理论创新。这个重大判断，为人们观察中国社会发生的深刻变化提供了新的视角，也为中国共产党更好地制定符合当前中国实际的发展战略具有深远的指导意义。

新时代"新"在哪里

正如前文所指出，由于中国社会主要矛盾发生了很大的变化，中国特色社会主义进入新时代。人们可能很关心一个问题，这个新时代与以前有什么不同，或者说这个新时代到底"新"在哪里？

新时代新就新在我国社会主要矛盾发生新变化。社会主要矛盾状况及其变化是社会发展阶段性划分的重要依据。在新中国成立特别是改革开放以来取得重大成就的基础上，我国发展站到了新的历史起点上，社会主要矛盾已由人民日益增长的物质文化需要同落后的社会生产之间的矛盾，转化为人民日益增长的美好生活需要和不平衡不充分的发展之间的矛盾。我国社会主要矛盾的变化是关系全局的历史性变化，反映了新时代我国发展的实际状况，指明了解决发展主要问题的根本着力点，对我国发展全局产生了广泛而深刻的影响。这就要求我们在继续推动发展的基础上，着力解决好发展不平衡不充分问题，大力提升发展质量和效益，更好满足人民各方面日益增长的美好生活需要，更好推动人的全面发展、社会全面进步。

新时代新就新在党的理论创新实现新飞跃。中国共产党是一

中共十九大把习近平新时代中国特色社会主义思想确立为中国共产党必须长期坚持的指导思想。图为 2018 年 7 月，学习宣传贯彻习近平新时代中国特色社会主义思想研讨会在福建省宁德市召开。

贯重视理论指导和勇于进行理论创新的马克思主义政党，在领导中国革命、建设、改革的实践中，不断推进马克思主义中国化，先后形成了毛泽东思想、邓小平理论、"三个代表"重要思想、科学发展观等重大理论创新成果，实现了两次历史性飞跃。伟大时代呼唤伟大理论，伟大时代孕育伟大理论。党的十八大以来，以习近平同志为核心的党中央坚持把马克思主义基本原理同中国具体实际相结合、同中华优秀传统文化相结合，从理论和实践结合上系统回答了新时代坚持和发展什么样的中国特色社会主义、怎样坚持和发展中国特色社会主义的时代课题，创立了习近平新时代中国特色社会主义思想。这一思想谱写了党的理论创新的新篇章，实现了马克思主义中国化的新飞跃，指导党和国家事业取得全方位、开创性历史成就，发生深层次、根本性历史变革，开创了中国特色社会主义新时代。

新时代新就新在党和国家事业确立新目标。我们党在领导革命、建设、改革的各个历史时期，总是与时俱进提出新的奋斗目标，引领党和国家事业不断迈上新台阶。党的十八大，我们党发出了向"两个一百年"奋斗目标进军的时代号召。党的十九大综合分析国际国内形势和我国发展条件，既对决胜全面建成小康社会、实现第一个百年奋斗目标提出明确要求，又首次将实现第二个百年奋斗目标分为两个阶段安排：从2020年到2035年，在全面建成小康社会的基础上，再奋斗十五年，基本实现社会主义现代化；从2035年到本世纪中叶，在基本实现现代化的基础上，再奋斗十五年，把我国建成富强民主文明和谐美丽的社会主义现代化强国。党的十九大作出的新时代中国特色社会主义发展的战略安排，明确了实现"两个一百年"奋斗目标的时间表、路线图。在这一战略安排的基础上，2020年党的十九届五中全会对

中国国际进口博览会迄今已成功举办三届，这是中国主动向世界开放市场的重大举措。

"十四五"时期我国经济社会发展作出系统谋划和战略部署，清晰展望了2035年基本实现社会主义现代化的远景目标，2022年党的二十大进一步明确了这些总体目标，指出未来五年是新征程开局起步的关键时期。新目标新蓝图鼓舞人心、切实可行，必将指引中国特色社会主义走向更加光明的未来。

新时代新就新在中国和世界关系开创新局面。当今世界正经历百年未有之大变局，我国日益走近世界舞台中央。中国与世界的关系发生深刻变化，当代中国已不再是国际秩序的被动接受者，而是积极的参与者、建设者、引领者。党的十八大以来，我们更加自信地敞开胸怀、拥抱世界，把开放的大门越开越大，在与世界深度交融中不断发展壮大，国际影响力、感召力、塑造力进一步提高。从提出构建人类命运共同体理念到共建"一带一路"倡议，从APEC北京会议到G20杭州峰会，从发起创立亚洲基础设施投资银行到举办中国国际进口博览会……全方位、多层次、宽领域的对外开放新格局徐徐展开，中国在世界舞台上发挥着前所未有的重要作用。在同国际社会的互动中，中国坚定发出反对保护主义、支持经济全球化，反对单边主义、维护国际正义的最强音，是世界变局中的稳定器、正能量。

新时代新就新在中国共产党展现新面貌。百年征途展新篇，百年大党焕新颜。党的十八大以来，我们全面加强党对一切工作的领导，坚决维护习近平总书记党中央的核心、全党的核心地位，坚决维护党中央权威和集中统一领导，全面增强党的领导水平和执政能力，推动党的执政方式和执政方略实现重大创新，为党和国家各项事业发展提供了根本保证。我们推进全面从严治党，勇于进行自我革命，以排山倒海之势正风肃纪，以雷霆万钧之力反腐惩恶，直击积弊、扶正祛邪，党的建设新的伟大工程呈现崭新局面。党的领导和党的建设取得了历史性、开创性成就，党的面貌焕然一新。

随着中国特色社会主义进入新时代，中国已实现了从"赶上时代"到"引领时代"的伟大跨越。这在中华人民共和国发展

中央第十五巡视组巡视河北省工作动员会议

十八大以来，中共中央从加强和改进党的领导这一根本原则出发，充
分发挥巡视利剑作用，有力推动了全面从严治党向纵深发展。图为中
央巡视组进驻河北省。

史上、中华民族发展史上具有重大意义，在世界社会主义发展史上、人类社会发展史上也具有重大意义。这意味着，近代以来久经磨难的中华民族迎来了从站起来、富起来到强起来的伟大飞跃，迎来了实现中华民族伟大复兴的光明前景。这意味着，科学社会主义在21世纪的中国焕发出强大生机活力，在世界上高高举起了中国特色社会主义伟大旗帜。这意味着，中国特色社会主义道路、理论、制度、文化不断发展，拓展了发展中国家走向现代化的途径，给世界上那些既希望加快发展又希望保持自身独立性的国家和民族提供了全新选择，为解决人类问题贡献了中国智慧和中国方案。

新时代就要有新气象、新作为。中国共产党号召全体党员尤其是党的领导干部"不忘初心、牢记使命"，以永不懈怠的精神状态和一往无前的奋斗姿态，开新局于伟大的社会革命，强体魄于伟大的自我革命，在实现中华民族伟大复兴的征程中绘就更加灿烂的时代画卷。

第四章

为什么说
做好自己的事情
最重要

哈佛大学肯尼迪政府学院阿什民主治理与创新中心通过与来自中国城市和农村的3.1万民众进行面对面访谈，共独立进行8次民众对中国各级政府（中央、省、县、乡镇政府）的认可情况的调查。调查显示，在调查开始的2003年，中国中央政府已获得民众86.1%的满意度，到2016年，民众的满意度进一步提高，达到93.1%。这么高的满意度，在世界上都是很少见的，这也从一个侧面表明，中国人民获得感、幸福感、安全感很强，中国正处于历史上最好的时期。

　　中国数十年快速发展经验的一个重要启示就是：中国发展离不开世界，世界发展也需要中国。当今世界正处于百年未有之大变局，急剧的外部环境变化不可避免对已经深度融入世界的中国的发展带来深刻影响，也会对整个世界的格局的调整产生重大影响。那么，面对外部的挑战和内部发展矛盾，中国该如何应对呢？答案是唯一的，保持战略定力，做好自己的事情。

世界百年未有之大变局"变"在何处

"世界处于百年未有之大变局",是中国国家主席习近平谈及中国所处的国际环境时多次表达的一个重要观点,是我们党深刻洞察世界格局变化而作出的重大判断。

那么,何谓"百年未有之大变局"?又"变"在何处?

百年未有之大变局,概括起来说,就是当前国际格局和国际体系正在发生深刻调整,全球治理体系正在发生深刻变革,国际力量对比正在发生近代以来最具革命性的变化,世界范围呈现出影响人类历史进程和趋向的重大态势。

纵观人类发展历史,世界发展从来都是各种矛盾相互交织、相互作用的综合结果,大变局孕育于其中,演进于其中。15世纪至16世纪,新航路开辟和西方大航海时代到来,人类历史迈出向"世界历史"转变的第一步。17世纪,欧洲主要势力签订《威斯特伐利亚和约》,确立国家主权平等的原则,搭建起一个有限的国际格局,但其他地域还没有纳入"国际体系"。18世纪第一次工业革命后,人类社会迈入了加速发展的轨道,科技革命和工业革命呼唤出来的巨大生产力,深刻改变了世界发展的既有格局。

从19世纪初的维也纳体系，到第一次世界大战后的凡尔赛-华盛顿体系，再到第二次世界大战后的雅尔塔体系，其背后反映了世界大变局的演进发展。苏联解体、东欧剧变后两极格局瓦解，美国成为唯一超级大国，但世界各种力量不断发展壮大，多极化趋势愈加清晰。科学社会主义诞生以来，从理论到实践，从一国到多国，从遭遇曲折到奋起振兴，也深刻影响着世界大变局的演进过程，引领世界不断朝着有利于人类进步的方向发展。

进入21世纪，世界大变局出现了更深刻的调整，呈现出一系列前所未有的新特征、新表现，主要包括以下方面：

世界经济版图发生的深刻变化前所未有。近代工业革命以来，世界经济的重心很长一段时间在北大西洋两岸，西欧诸国和北美成为全球经济的重要支柱。日本始于20世纪60年代的经济起飞，虽使世界经济版图中东亚的比重有所增加，但政治上的"脱亚入欧"及发展模式上的强烈外向性，使其成为西方经济的一个组成部分，北大西洋的经济重心地位依旧牢固。21世纪以来，随着中国、俄罗斯、印度、巴西、南非等不同地区发展中大国的整体性崛起，加上2008年国际金融危机对欧美的重创，世界经济重心开始由西向东、由北向南转移。尤其是东盟加中日韩经济总量已占世界经济总量30%左右，超过美国和欧盟，在世界经济中举足轻重。由此，发达国家和发展中国家在国际分工体系中的地位角色发生重大转变，发达国家经济增长乏力，新兴经济体和发展中国家在世界经济中占据越来越大的份额，世界经济重心加快"自西向东"位移。如果说一战后因美国一跃而成为全球最大的债权国和资本输出国，世界经济重心从大西洋东岸（西欧）向大西洋西岸（美国）的那次迁移是一次经济地理大变局的话，当前正在发生的这次从大西洋向太平洋的迁移，其覆盖范围之广、涉及人

2017 年 9 月，金砖国家领导人第九次会晤在福建厦门举行。金砖国家指巴西、俄罗斯、印度、中国、南非五国，均为新兴市场国家。金砖国家合作的影响，已经超越五国范畴，成为促进世界经济增长、完善全球治理、促进国际关系民主化的建设性力量。

2016 年 9 月，二十国集团领导人第十一次峰会在浙江杭州举行。二十国集团成员人口占全球的 2/3，国土面积占全球的 55%，国内生产总值占全球的 86%，贸易额占全球的 75%，是国际经济合作的主要平台。

口之多，已远超上次。

新一轮科技革命和产业变革带来的新陈代谢和激烈竞争前所未有。科技革命及由此引发的产业变革，对于时代而言可遇不可求。自英国工业革命以来，举凡世界强国，都是能将科技优势转化为产业和军事优势的国家。而以往的几次科技革命和产业变革，均由大西洋两岸国家唱主角，比如英国、美国。21世纪以来，在已现端倪的新一轮科技革命和产业变革中，虽然创新力强大的美国仍担当主角，但中国、印度等新兴国家亦表现抢眼，正努力向科技产业变革的第一方阵进发。以信息技术、生物科技为主导的新一轮科技革命和产业变革，一方面成为产业推陈出新和生产力跃进的不竭动力，另一方面也深刻地影响着世界格局演变。新兴国家跻身科技革命和产业变革引领之列，将有助于提升其综合实力，助推其发展进程；这些国家在发展科技方面的经验，也会对广大发展中国家产生示范效应；发展中国家丰富的人力资源一旦插上科技的翅膀，将会释放出巨大能量。在新一轮科技革命中，谁能抢占科技高地，谁就有可能站在产业变革的前沿、占领全球价值链的高地，从而在未来的竞争中赢得先机。但是，令人担忧的是，为了将多数发展中国家遏制在产业链低端，一些发达国家科技竞争的手段正无所不用其极。从干扰正常的科技交流，到利用非法手段打击竞争对手，再到直接动用国家机器封杀企业与个人，威吓其他国家切断企业之间正常的合作，等等，竞争越来越超越科技本身，非正当的手段越来越超越底线。

国际力量对比发生的革命性变化前所未有。一战后随着殖民体系瓦解，广大亚非拉国家摆脱了殖民地和半殖民地的被掠夺奴役状态，实现了政治、经济独立和国家自主发展，但经济弱势的地位没有根本改变。西方国家依托其先进的经济、科技和军事实力，在全球政治治理中占据优势，拥有更多话语权。进入20世纪以来，多极化不断推进，单极"梦想"日渐遥远，中国、俄罗斯、欧盟、印度等已成为重要的多极力量。这其中，中国、印度等发展中大国地位不断上升，作为西方重要力量的欧洲和日本地位下降。自2010年跃升为全球第二大经济体，中国的经济总量已从40年前占全球经济总量的1.8%上升到2022年的20%，对世界经济增长的贡献率多年超过30%。日益走近世界舞台中央的中国，已成为推动多极化趋势的中坚力量。经济格局的变化推动世界政治格局的演化，大国间博弈和战略竞争有所加剧，原有以大国协调为重要支撑的国际政治秩序面临挑战。

全球治理体系的不适应、不对称前所未有。从一战后诞生的国际联盟，到二战后的联合国，一百多年来承担着全球治理之责的国际组织尽管在协调国际事务中发挥了一定的作用，但毋庸讳言，大国仍是全球治理体系中的核心主体。然而随着国际竞争合作的深入，全球性问题不断增多且日趋复杂，特别是在需要更多协调的经济、安全和气候治理领域，现有治理体系已难以适应变化了的格局。除治理中"能力不足""意愿缺失"外，在既有体系中拥有较大话语权的个别国家以退为进，意图按照自己的意愿重新洗牌，不顾发展现实蛮横主导新体系、新规则建立的做法，近年来更是屡屡发生。比如美国，在经济领域，频频挑起贸易争端，大搞贸易保护主义，不惜拉低全球经济增长；在安全领域，单方面退出伊核协议，启动《中导条约》退约程序，令全球安全形势为之紧绷；在气候治理领域，单方面退出《巴黎协定》，使全球气候治理面临新挑战。此外，一些国家面对内部矛盾，不是通过改革缩小分歧、凝聚共识来解决问题，而是试图通过激发民粹主义等向外部世界转移矛盾，通过贸易战、推卸放弃本国国际责任等措施来缓解国内危机。这种种做法对推进全球治理构成巨大挑战。

人类前途命运的休戚与共前所未有。随着全球化进程的加快，世界各国相互联系和彼此依存比过去任何时候都更频繁、更紧密，整个世界日益成为你中有我、我中有你的人类命运共同体。但是，在面对人类面临的共同问题上，一方面，全球治理客体越来越复杂，需要各国特别是大国加强合作；另一方面，在全球治理主要机制中居主导地位、掌控着全球治理规则制定权的西方大国，却不愿意承担治理责任，反而强化同其他国家的竞争，阻碍其他国家参与，恶化了推进全球治理的政治环境。

当前，世界百年未有之大变局进入加速演变期，和平与发展仍然是时代主题，但是不稳定性不确定性更加突出。英国"脱欧"、法国"黄马甲"运动、美国大规模骚乱等"西方之乱"不断上演，其背后是国际金融危机深层次影响持续发酵，西方国家贫富差距不断扩大，催生政治极化、民粹主义、种族冲突等问题。特别要看到，2020年新冠肺炎疫情全球大流行，成为世界百年未有之大变局的新变量、催化剂。这次百年一遇的大疫情，不仅让复苏乏力的世界经济雪上加霜，更重要的是它凸显出西方资本主义主导下国际体系的严重弊端，宣告了新自由主义的彻底破产，加快了国际力量此消彼长，使国际格局"东升西降"的趋势更加显著，推动大变局不断向纵深发展。

纵横不出方圆，万变不离其宗。从根本上说，人类正在经历的百年未有之大变局，是世界范围内生产力和生产关系矛盾运动的必然结果，反映了人类文明发展的大潮流大趋向。这个大变局，是从事实上"一家独大"的单极世界向协同共治的多极世界的转变。单边主义越来越不得人心，多极化成为不可阻挡的时代潮流，中国成为世界多极化进程中的一支重要力量。这个大变局，是现代化发展路径从一元走向多元的转变。在世人眼中特别是在西方人眼中，现代化就是西方化，而中国开创的社会主义现代化道路，展现了实现中国式现代化的全新可能。这个大变局，是从世界社会主义遭受严重曲折向科学社会主义在21世纪焕发勃勃生机的转变。苏联解体、东欧剧变后，西方大国迫不及待宣称历史已经终结于资本主义制度，结果却是中国特色社会主义的巨大成功宣告了"历史终结论"的终结。

大变局带来挑战与机遇

世界历史经验表明，国际秩序的重大调整和演变从来都不是一帆风顺的。当今时代，世界各国对世界和平稳定的追求显著增长，但单边主义、霸权主义旧思维仍然存在；世界各国对互利共赢、共同发展的追求显著增长，但零和博弈、赢者通吃的旧观念仍然存在；世界各国对国际秩序更加公正合理的追求显著增长，但唯我独尊、号令天下的老做法仍然存在。

百年未有之大变局，给世界和平发展带来前所未有的机遇，也带来了许多新的严峻挑战。尤其对中国而言，更是如此。由于中国在世界大变局中持续快速发展，成为世界格局演变背后的主要推动力量，这让以美国为首的极少数国家难以接受，因而发动了对中国的极端打压和遏制。

美国政府对华政策的大幅调整，充分反映了美国零和博弈、赢者通吃的观念，更是违背世界多极化、自由化潮流而奉行单边主义、霸权主义的行径，直接威胁世界的和平发展。

破坏中美战略合作的基础，把中国确定为美国的战略竞争对手。特朗普政府2017年12月发布的《美国国家安全战略报告》和2018年1月发布的《美国国防战略报告》，都把当前世界看作"大国竞争时代"，中国则被认定为"修正主义的竞争者"，它"挑战美国的实力、影响和利益，试图侵蚀美国的安全和繁荣"，"随着中国继续发展其经济和军事优势，并通过一个全国性的长期战略扩大其权力，它将继续推行军事现代化计划，以在近期寻求印太地区的区域霸权，在将来驱逐美国，实现全球领先"。两年后的2020年5月，白宫发布的《美国对中华人民共和国的战略方针》声称，中国正在利用自由和开放的国际秩序，以有利于它的方式重塑国际体系和改变国际秩序，损害了美国至关重要的利益。如今，所谓"大国竞争时代"已成为美国战略界和外交界普遍接受的概念，中国已被视为美国最大的战略竞争对手。

破坏世界贸易自由化，用"贸易战"的方法来处理中美贸易问题。美国把自身经济出现的所有问题都归咎于中国。2017年3月，美国政府发布《总统2017年贸易政策日程》，声称自2000年，即中国加入世界贸易组织（WTO）前一年以来，美国的各项经济指标都在持续恶化：国内生产总值（GDP）增长放缓、就业增长缓慢、制造业就业人数大幅度减少、贸易逆差加大。该文件由此得出一个结论：目前的全球贸易体系对中国是有利的，但对美国不利。美国不应再为了获得地缘政治优势而对其在全球市场中遇到的不公平贸易做法视而不见，要"使美国再度伟大"，就必须消除中国所造成的贸易"不公平"。从2018年3月起，特朗普政府开始对中国输美商品加征关税，而中国则被迫开始同美国进行漫长而艰难的贸易谈判。几经反复，中美终于在2019年12月就第一阶段贸易协议文本达成一致，但迄今双方在贸易方面的矛盾并未得到根本解决。

破坏多年构建的互信关系，打开"潘多拉魔盒"释放美国国内反华力量。特朗普本质上是一个商人，在任内网罗了一批人，这些人原本无论在民主党还是共和党建制派总统当政的情况下，都不可能进入政府担任要职。任职四年来，特朗普的内阁成员像走马灯一样频频被撤换，而最后留存下来的都是一些缺乏理性、政策主张极端、完全听命于特朗普或与之目标和方法一致，特别是主张对中国采取强硬政策的人。这些人把特朗普零散的、不成体系的对华政策拼凑成为一个完整和系统的反华战略，在美国政府中形成了一股强大的反华势力。他们的言论不仅严重毒化了美国对华决策氛围，而且使已经付诸实施的极端对华政策极难逆转。

破坏联合不干涉内政的原则，以中国"人权问题"为由对中国国内事务进行粗暴干涉。虽然特朗普本人不是很关注意识形态，但为了配合自身在对华贸易方面的强硬立场和做法，他非常乐于利用甚至鼓励在"人权问题"上对中国进行攻击，以动员国内对其对华强硬政策的支持。在过去的一段时间里，美国国会在台湾、涉港、涉疆、涉藏等问题上接连通过干涉中国内政、支持中国境内分裂势力、指责中国侵犯人权的相关法案，如所谓《香港自治法案》、《2020年维吾尔人权政策法案》、《台湾友邦国际保护及加强倡议法》（"2019台北法案"）等，这些法案都得到了特朗普政府的首肯和配合。有评论指出，特朗普推动在美国国会和公众中形成了这样的看法：中国不仅是竞争对手，而且是对美国全球领导地位的威胁。

破坏区域和平稳定，到处拉帮结派搞选边站。2018年7月，美国在"五眼"国家情报部门秘密会议上，与参会国就遏制华为战略达成一项协议。此后，特朗普政府不断对其盟友施加压力，要求它们将华为排除在西方下一代通信网络之外。同年8月，美国国务院网站公布了一份所谓"5G清洁网络"名单，宣称全球已有27家运营商在5G网络建设中放弃采用华为和中兴设备，从而构建了"5G清洁网络"，确保了"最高的安全标准"。特朗普政府时期，美国针对中国的南海政策趋于强硬。2020年7月，时任美国国务卿蓬佩奥发表声明说："北京声称拥有南中国海大部分地区的离岸资源完全是非法的，其控制这些资源而采取的欺凌行动也完全是非法的。"他表示，中国正以"霸凌"方式企图控制南海，"世界不会允许北京把南中国海当作其海上帝国"；美国将与其东南亚盟国和合作伙伴一道，按照国际法规定的权利和义务，维护其对海上资源的主权，拒绝在南中国海或更广阔的地区强加"实力即权利"的任何努力。蓬佩奥的这一声明彻底改变了以往美国在南海问题上不选边站的正式立场。

破坏世界技术交流与合作，把高科技领域当作决定当代大国竞争成败的关键领域。美国与中国科技竞争的强度随着其对科技竞争在大国竞争时代意义认识的逐步清晰而不断升级。这场中美之间方兴未艾的科技竞争始于2018年3月开始的美国对华"贸易战"，那时美国已经有意识地针对《中国制造2025》对中国高科技产品加征关税。随着中国5G战略部署的推进，美国以所谓"银行欺诈"和"违反制裁令"为由，对华为提起刑事诉讼。2020年全球新冠肺炎疫情大流行期间，在中美关系急剧恶化的情况下，美国对华鹰派获得了进一步采取针对华为行动的机会。2020年5月，美国将华为及其附属公司列入"实体清单"，并于5月15日和8月17日两次加大对华为的制裁力度，限制华为获得无线通信网络的核心部件——芯片。美国的科技"脱钩"措施并不限于只针对华为，还包括限制中国对美国高科技产业的投资，甚至试图切断中国整个高科技产业的供应链。

破坏世界人文学术交流，以极端手段限制中美科研人员的正常往来。近年来，美国司法部和联邦调查局以"签证欺诈"等为由，渲染中国科研人员和留学生从事经济间谍活动、偷窃美国技术和知识产权信息，并有针对性地逮捕参与中国海外高层次人才引进计划的知名学者，同时要求美国大学和学术机构举报有嫌疑的中国人，由此破坏了中美学术机构之间的正常往来与合作。特朗普政府还以中国窃取美国高科技为由，逐步加大对中国留学生在美学习科学、技术、工程、数学（STEM）专业的限制，收紧在机器人、量子计算、半导体、人工智能等高科技领域给予中国留学生（特别是被怀疑与中国军方有关联者）的签证，并制裁与中国军方有合作关系的中国部分高校和实体　机构。

此外，特朗普政府时期，美国一些政客无底线地直接攻击中国共产党和中国的社会制度。2020年六、七月间，美国时任国家安全事务助理奥布莱恩、联邦调查局局长雷、司法部部长巴尔和国务卿蓬佩奥有计划地接连发表成体系的反华演讲，手法是前所未有地分离中国和中国共产党，攻击中国的社会主义制度；曲解和否定美国历届政府长期坚持的对华政策，将中国渲染为对西方政治制度、生活方式、基本价值观的直接威胁；呼吁西方国家以美国为核心共同组建对抗中共的意识形态联盟。倘若这些"号召"真能够实现，那将与发动"新冷战"无异。如果美国政府是在这样的认识基础上同中国打交道，要求中国作出改变，那绝对不可能产生稳定的中美关系。

尽管特朗普竞选连任失败，但其留下的"政治遗产"对拜登政府及中美关系的未来走向仍具有深层次的影响。这些"政治遗产"严重损害了中美关系，也给世界的发展带来不确定性。

在中国，绝大多数人认为美国试图阻止中国的发展，美国的许多言行也印证了这种判断。中国从未提出要与美国争夺世界霸权，中国走的是和平发展道路，争的是自己合理和平发展权利。正是基于这样的认识，中国认为，世界面临百年未有之大变局，给中国带来的更多的是机遇。中国从100多年前的半殖民地半封建社会，逐步发展成为世界第二大经济体、最大的社会主义国家，对世界经济增长的贡献率连续多年超过30%。中国进入世界创新力排名前15位，在科技革命中的角色由跟跑者、参与者向并跑者、变革者转变。中国在全球治理领域承担更大责任、发出更多声音，成为多边合作的积极倡导者。中华文明在世界上的影响力与日俱增，成为文明多样发展中不容忽视的重要力量。

中国正在做好自己的事情

经过几代人的接续奋斗，中国不仅成功摆脱了贫困，而且实现了全面建成小康社会的目标。2020年中国国内生产总值超过100万亿元人民币，2021年至今人均GDP连续两年超过1.2万美元，人民生活水平显著提高，国家综合实力迈上新台阶。但是，中国的领导人头脑依然很冷静，清醒地认识到发展中存在不平衡不充分的问题。这些问题表现在很多方面，如重点领域关键环节改革任务仍然艰巨、技术创新能力不适应高质量发展要求，关键技术还被卡脖子，城乡区域发展和收入分配差距较大，生态环保任重道远，民生保障存在短板，等等。这些问题不解决，将直接影响中国持续稳定发展。

不干涉别国内政，认真做好自己的事情，是中国一直奉行的

2020 年 6 月发布的第 55 届全球超级计算机 500 强榜单显示，中国与美国、日本成为全球超级计算机技术领先国家。从部署数量来看，中国部署的超级计算机数量蝉联全球第一，500 强超算中，中国就部署了 226 台。图为"神威·太湖之光"超级计算机，其所有核心部件全部由中国自主制造。

原则。中国人深知，在百年未有之大变局时代，无论是应对外部挑战还是解决发展问题，最重要的是做好自己的事情。习近平总书记指出，大变局带来大挑战，也带来大机遇，我们必须因势而谋、应势而动、顺势而为。

中国正在推动高质量发展。以推动高质量发展作为经济社会发展的主题，这是中国根据自身发展阶段、发展环境、发展条件变化作出的科学判断。事实上，中国仍处于并将长期处于社会主义初级阶段，仍然是世界上最大的发展中国家，发展仍然是中国共产党和中国政府的第一紧要任务。当然，这里讲的发展不再是过去高速度、粗放式发展，而是充分体现"创新、协调、绿色、开放、共享"新理念的高质量发展。今天的中国，社会主要矛盾已经转变为人民日益增长的美好生活需要和不平衡不充分的发展之间的矛盾，发展中的矛盾和问题集中体现在发展质量上。这也是中国把发展质量问题摆在更为突出的位置的内在原因。同时，防范化解各类风险隐患，积极应对外部环境变化带来的冲击挑战，关键也在于提高发展质量，提高国际竞争力，增强国家综合实力和抵御风险能力，从而有效维护国家安全。

为推动高质量发展，中国把科技自立自强作为国家发展的战略支撑，面向世界科技前沿、面向经济主战场、面向国家重大需求、面向人民生命健康，深入实施科教兴国战略、人才强国战略、创新驱动发展战略，完善国家创新体系，不断加大科技研发投入，加快建设科技强国。同时，以深化供给侧结构性改革为主线，坚持质量第一、效益优先，切实转变发展方式，推动质量变革、效率变革、动力变革，使发展成果更好惠及全体人民，不断实现人民对美好生活的向往。

中国正在构建以国内大循环为主体、国内国际双循环相互促进的新发展格局。改革开放以来特别是加入世贸组织后，中国积极加入国际大循环，市场和资源"两头在外"，形成"世界工厂"发展模式，对中国快速提升经济实力、改善人民生活发挥了重要作用。此外，随着全球政治经济环境变化，逆全球化趋势加

中国网络零售市场规模持续位列全球第一。2020 年 11 月 11 日，天猫全天交易额达到 4982 亿元。

剧，有的国家大搞单边主义、保护主义，传统国际循环明显弱化。在这种情况下，中国意识到，必须把发展立足点放在国内，更多依靠国内市场实现经济发展。中国有14亿多人口，人均国内生产总值已经突破1.2万美元，是全球最大和最有潜力的消费市场，具有巨大增长空间。改革开放以来，中国遭遇过很多外部风险冲击，最终都能化险为夷，靠的就是把发展立足点放在国内。

为推动构建新发展格局，中国坚持扩大内需这个战略基点，使生产、分配、流通、消费更多依托国内市场，形成国民经济良性循环；注重提升供给体系对国内需求的适配性，打通经济循环堵点，提升产业链、供应链的完整性，使国内市场成为最终需求的主要来源，形成需求牵引供给、供给创造需求的更高水平动态平衡。当然，中国的新发展格局决不是封闭的国内循环，而是开放的国内国际双循环。推动形成宏大顺畅的国内经济循环，就能更好吸引全球资源要素，既满足国内需求，又提升中国产业技术发展水平，形成参与国际经济合作和竞争新优势。

中国正在构建高水平社会主义市场经济体制。自从确立建立社会主义市场经济体制目标以来，中国一直坚持社会主义市场经济改革方向，从广度和深度上推进市场化改革，使市场在配置资源中发挥决定性作用，减少政府对资源的直接配置，减少政府对微观经济活动的直接干预，加快建设统一开放、竞争有序的市场体系，建立公平、开放、透明的市场规则，把市场机制能有效调节的经济活动交给市场，把政府不该管的事交给市场，让市场在所有能够发挥作用的领域都充分发挥作用，推动资源配置实现效益最大化和效率最优化，让企业和个人有更多活力和更大空间去发展经济、创造财富。经过数十年的努力，中国的社会主义市场经济体制越来越完善。

全国非公有制经济吸纳城镇就业超过 80%，对新增就业贡献的占比超过 90%。图为中国首家民营汽车企业吉利控股集团领克张家口工厂总装车间。

中国已成为全球最大的清洁能源生产国和应用国，2021 年清洁能源占能源消费总量比重达到 25.5%，比 2012 年提高了 11 个百分点。

2020 年 6 月 1 日，中共中央、国务院印发《海南自由贸易港建设总体方案》，中国特色自由贸易港启航。建立海南自由贸易港是彰显中国扩大对外开放、积极推动经济全球化决心的重大举措。图为航拍海南省海口市。

为更充分发挥市场在资源配置中的决定性作用，更好发挥政府作用，推动有效市场和有为政府更好结合，中国继续推进全面深化改革，激发各类市场主体活力，尤其注重优化民营经济发展环境，促进非公有制经济健康发展，依法平等保护民营企业产权和企业家权益，破除制约民营企业发展的各种壁垒。同时，中国政府注重健全市场体系基础制度，坚持平等准入、公正监管、开放有序、诚信守法，形成高效规范、公平竞争的国内统一市场；实施高标准市场体系建设行动，健全产权执法司法保护制度，实施统一的市场准入负面清单制度，继续放宽准入限制，健全公平竞争审查机制，加强反垄断和反不正当竞争执法司法，提升市场综合监管能力。此外，中国正加快转变政府职能，全面实行政府权责清单制度，持续优化市场化、法治化、国际化营商环境。

中国正在推动绿色发展，促进人与自然和谐共生。中国政府坚持"绿水青山就是金山银山"理念，坚持尊重自然、顺应自然、保护自然，坚持节约优先、保护优先、自然恢复为主，守住自然生态安全边界。2020年9月，中国国家主席习近平在第七十五届联合国大会一般性辩论上郑重宣布，中国力争于2030年前二氧化碳排放达到峰值、2060年前实现碳中和。2021年1月，习近平主席出席世界经济论坛"达沃斯议程"对话会并在发表特别致辞时再次强调：中国正在制定行动方案并已开始采取具体措施，确保实现既定目标。实现这个目标并不容易，然而中国为了全人类的可持续发展，展现出负责任大国的担当，再次向国际国内坚定了中国应对气候变化的决心和方向。

当前，中国正加快推动绿色低碳发展，强化国土空间规划和用途管控，落实生态保护、基本农田、城镇开发等空间管控边界，减少人类活动对自然空间的占用；发展绿色金融，支持绿色

2019 年 10 月 1 日，庆祝中华人民共和国成立 70 周年大会在北京天安门广场隆重举行。

技术创新，推进清洁生产，发展环保产业，推进重点行业和重要领域绿色化改造；推动能源清洁低碳安全高效利用，发展绿色建筑，开展绿色生活创建活动，降低碳排放强度，支持有条件的地方率先达到碳排放峰值；强化多污染物协同控制和区域协同治理，加强细颗粒物和臭氧协同控制，基本消除重污染天气；治理城乡生活环境，推进城镇污水管网全覆盖，基本消除城市黑臭水体；推进化肥农药减量化和土壤污染治理，加强白色污染治理；加强新污染物治理，全面实行排污许可制，推进排污权、用能权、用水权、碳排放权市场化交易；科学推进荒漠化、石漠化、水土流失综合治理，开展大规模国土绿化行动，推行林长制，健全耕地休耕轮作制度；推行垃圾分类和减量化、资源化，加快构建废旧物资循环利用体系。

中国正在推动更高水平的对外开放。中国的发展离不开全面对外开放和深度参与经济全球化，这是40多年改革开放的基本历史经验之一。中国提出的"一带一路"国际合作倡议的一个重要初衷，正是旨在更大规模地推动"走出去"和"请进来"，构筑起方位更加平衡、领域更加宽广、时空更加开放、内外联动更加紧密的中国对外开放新格局，推动形成政策沟通、道路连通、贸易畅通、货币流通、民心相通的全球一体化新格局，进而为世界经济复苏提供新动力、为经济全球化提供新平台、为全球治理提供新路径、为人类文明交流互鉴提供新纽带。

面对逆经济全球化和贸易自由化的潮流，中国不仅没有搞关门主义，而是坚持实施更大范围、更宽领域、更深层次对外开放，依托中国大市场优势，促进国际合作，实现互利共赢。为此，中国提出建设更高水平开放型经济新体制，全面提高对外开放水平，推动贸易和投资自由化便利化，推进贸易创新发展，增强对外贸易综

从全面小康迈向共同富裕，中国人的日子越过越红火。

合竞争力；完善外商投资准入前国民待遇加负面清单管理制度，有序扩大服务业对外开放，依法保护外资企业合法权益，健全促进和保障境外投资的法律、政策和服务体系，坚定维护中国企业海外合法权益，实现高质量引进来和高水平走出去；完善自由贸易试验区布局，赋予其更大改革自主权，稳步推进海南自由贸易港建设，建设对外开放新高地；发挥中国国际进口博览会等重要展会平台作用，为稳定和推动世界经济发展贡献力量。同时，中国积极参与全球经济治理体系改革，坚持平等协商、互利共赢，推动二十国集团等发挥国际经济合作功能；维护多边贸易体制，积极参与世界贸易组织改革，推动完善更加公正合理的全球经济治理体系；积极参与多双边区域投资贸易合作机制，推动新兴领域经济治理规则制定，提高参与国际金融治理能力。

中国正在致力于促进全体人民走向共同富裕。共同富裕是社会主义的本质要求，是人民群众的共同期盼。中国推动经济社会发展，归根结底是要实现全体人民共同富裕。新中国成立以来特别是改革开放以来，中国共产党和中国政府团结带领人民向着实现共同富裕的目标不懈努力，人民生活水平不断提高。近年来，中国把脱贫攻坚作为重中之重，使现行标准下农村贫困人口全部脱贫，这是促进全体人民共同富裕的一项重大举措。当前，中国发展不平衡不充分问题仍然突出，城乡区域发展和收入分配差距较大，促进全体人民共同富裕是一项长期任务。随着小康社会的全面建成，中国开始把促进全体人民共同富裕摆在更加重要的位置，脚踏实地，久久为功，朝着这个目标更加积极有为地进行努力。

为推动共同富裕，中国政府提出并采取了一系列重大而有效的举措：坚持按劳分配为主体、多种分配方式并存，注重提高劳动报酬在初次分配中的比重，注重完善工资制度，健全工资合理增长机制，着力提高低收入群体收入，扩大中等收入群体。同时，注重完善按要素分配政策制度，健全各类生产要素由市场决定报酬的机制，探索通过土地、资本等要素使用权、收益权增加中低收入群体要素收入。不仅如此，还日益重视完善再分配机制，加大税收、社保、转移支付等调节力度和精准性，合理调节过高收入，取缔非法收入。发挥第三次分配作用，发展慈善事业，改善收入和财富分配格局。此外，中国还致力于强化就业优先政策，千方百计稳定和扩大就业；建设高质量教育体系，提高民族地区教育质量和水平；健全覆盖全民、统筹城乡、公平统一、可持续的多层次社会保障体系；把保障人民健康放在优先发展的战略位置，坚持预防为主的方针，深入实施健康中国行动，完善国民健康促进政策，为人民提供全方位全周期健康服务。

　　总之，中国一心一意办好自己的事情，既是对自己负责，也是为世界作贡献。中国发展潜力巨大、前景广阔，必将为世界各国提供更大合作空间，必将引领世界朝着有利于和平与进步的方向发展。

第五章

中国人说
现在是最好的时代

经过数十年的辛勤努力和奋斗拼搏，中国人民不仅摆脱了贫困，过上了美好幸福的生活，而且如今的中国人只要努力就能实现自己的梦想，不需要像老一代人那样漂洋过海去寻梦。如果走上大街，随便问一个中国人，他们都会说，中国现在处于最好的时代。

中国人经历了旧中国的苦难

今天的中国处于1840年以来最好的时期，今天的中国有1840年以来最好的制度，今天的中国是全球各主要国家中发展最好的国家。今天的中国人处于最好的时代。

回顾旧中国，苦难深重。几千年来，中国具有悠久的文明和历史，也曾经位列于世界大国前列。但是人民却经受长期封建专制压迫，缺乏独立和自主，更难以自由实现个人梦想。

进入19世纪，中国农业文明趋于衰落，延续几千年的封建专制制度已经僵化，中国社会的发展也陷于停滞状态。长期闭关锁国，失去了与世界同步的宝贵机遇。与此同时，世界格局大变。一些欧美国家通过工业革命奋起直追迅速成为强国，随后将触角伸向世界各地，进行疯狂的海外扩张和殖民掠夺。中国自然也未能幸免被侵略的命运。

1840年鸦片战争后，中国社会开始从传统的封建社会向半殖民地半封建社会演变，中华民族也逐渐陷入苦难和屈辱的深渊之中。

1840年是中国历史的分水岭，自此中国由一个"中央帝国"被带入强雄林立的国际体系。不管是满清还是随后的中华民国，

英国随军画师所绘中英签订《南京条约》时的情景

1840 年 6 月，英国发动了侵略中国的鸦片战争，用舰炮轰开了中国的大门。腐败无能的清政府被迫于 1842 年 8 月 29 日在英舰皋华丽号上签订了中国近代第一个不平等条约——《南京条约》。中国从此逐步成为半殖民地半封建国家。

尽管努力不止、代价不休，却都无法适应历史、回应历史，未能将中国带出五千年来前所未有的低谷，国家和民族都沦落到了生死存亡的地步。

据中国当代国际法专家王铁崖统计，自1840年鸦片战争以来，中国共缔结过1175件约章，其中绝大多数是不平等条约。这些条约涉及割地、赔款、租界、驻兵、关税、法权，势力范围林林总总，将中国层层锁定，中国沦为全球大小国家任意欺凌的对象。19世纪美国外交官、精通中国事务的何天爵曾愤怒地指出："现代的万里长城主要是由鸦片箱构筑起来的。"

中国彼时的国运正如中国台湾著名学者、作家柏杨在《中国人史纲》中所叹息的："一些中国曾经听说过，或从未听说过的弹丸小国，在过去就是前来进贡也不见得够资格的，现在排队而来。清政府手忙脚乱，无法招架，于是只要他们报出一个国名，清政府就一一跟他们签订条约。他们虽然没有把中国打败，结果却每一个都是战胜国，跟蝗蚁一样叮在中国身上吸血……在这些弹丸小国眼中，中国是一个土头土脑的大肥佬，如果不乘机坑骗一下，简直良心上过不去。"

在世界新老列强瓜分中国达到高潮时，竟然出现了人类文明史前所未有的荒唐现象：日本要求中国保证福建省不割让他国，法国要求清政府保证广东、广西、云南三省以及海南岛不割让他国，德国要求保证山东省不割让他国。而这些列强瓜分时连最起码的外交程序也没有，直接派军舰占领，声称有租借的必要，就万事大吉；英国先是强迫中国向它借钱，当日本收到清政府以此借款支付的战争赔款而撤出威海卫时，英军就开进了。所有这一切，清政府都不得不全盘接受。

这样的国家，其国民在世界上自然也备受歧视。美国政府允许日本留学生攻读军校，却不给中国学生同等待遇。中方交涉，美国国务院竟回函称"美国大学没有你们中国学生立足之地"。1882年美国通过的排华法案，更使华人成为美国历史上唯一被国会和联邦政府立法排挤和禁止移民的民族。

尽管清政府如此不堪，相对而言，它毕竟对内还能勉强维持国家形式上的统一，对外则还能保持一个国家形式上的主权独立，而且战争结束和内乱平定之后还能有短暂的和平与喘息时

1948 年 5 月，上海小学教师为反饥饿举行罢教并在市教育局门前示威。

机。到了所谓的"亚洲第一共和国"亦即中华民国时期，则连这一点能力都丧失殆尽，甚至西方列强即使想签订不平等条约也不知道要和哪一个政府打交道了，百姓则是在接连不断的内战、外战和灾荒中流离失所、朝不保夕、苟延残喘。

中华民国时代是一个既没有带给中国独立，也没有带来统一，更没有带来富强与尊严的时代。在其短短的37年间，经济陷入破产，军阀混战，大规模的内战，外敌入侵，国土分裂，从上到下的完全腐败，等到它退出历史舞台的时候，中国几乎到了"蛮荒亡国"的地步：人均寿命不足35岁，文盲高达80%。清末中国面临的三大挑战：极端的贫困和积弱不振、列强环伺的生存危机、国家的分裂和军队的军阀化，中华民国不但一个挑战都没有解决，反而更加恶化。在民国初年，中国有三条道路选择：一是旧体制内的新人物袁世凯选择走向帝制；二是代表体制外民间力量的梁启超等主张君主立宪；三是孙中山主张继续革命。然而，一番博弈下来，袁世凯称帝失败，横死而身败名裂。梁启超心仪的开明专制——君主立宪也同样没有实现。至于一向主张革命的孙中山，也是抱憾离世。中华民国堪称中国历史上少有的所有博弈者全盘皆输的历史阶段：帝制的失败并不意味着共和的胜利，而是无一胜者，从而使中国陷入绝境和死路。《剑桥中华民国史》总结道："自由主义政治和独裁——似乎彼此促成了各自的灭亡。"

对民国，当时记者黄远庸（笔名远生，有"民国第一名记"之称）曾有如下评论："一国受人欺凌至此，吾人真乃生不如死。"中华民国时期最著名的商人、身体力行实业救国的张謇（他曾被票选为民众"最敬仰人物"）1926年临死有如下遗言："不幸而生中国，不幸而生今之时代。"

中国在世界上的地位即使成为一战、二战战胜国时也依然没有多少改变。一战后，中国代表团去参加巴黎和会，欲向法国总理颁发大总统勋章，却被一口回绝，最后什么权益也没有争回。二战后，同盟国英美苏仍然侵害中国的主权，三国均在中国有军事力量存在，享有治外法权。

蒋介石时期的中华民国究竟如何，不妨听听美国总统杜鲁门在《口述自传》中打破外交惯例直言不讳的评论："蒋军从来不是良好的部队。我们把大约30.5亿元的军事装备，送给了这些所谓自由中国人士，结果，从北京到南京的战线上，蒋介石约五百万军队，却败给了共军，共产党拿了这些军事装备，把蒋和他的手下，扫出中国大陆。说实话，他一直都不是个东西。他们曾要求我派出数百万美国部队去拯救他，被我一口回绝。蒋介石实在无可救药，他们的腐败是与生俱来的，我决心不虚耗哪怕是一个美国人的生命去挽救他。我不在乎他们怎么说。他们继续嘲骂与控诉，说我对共产主义软化，又说我庸碌无知，但我不会屈服于这些指责。对于蒋和他的一伙人，我从来没有改变过自己的看法，这群混蛋一个个都该关进牢狱里。"

1840年至1949年，为了挽救民族危亡、实现民族振兴，中国人民和无数仁人志士孜孜不倦寻找着适合国情的政治制度模式。辛亥革命之前，太平天国运动、洋务运动、戊戌变法、义和团运动、清末新政等都未能取得成功。辛亥革命之后，中国尝试过君主立宪制、帝制复辟、议会制、多党制、总统制等各种形式，各种政治势力及其代表人物纷纷登场，都没能找到正确答案，中国依然是山河破碎、积贫积弱。直到中国共产党建立，带来了曙光。

1921年，中国共产党成立，当时全国只有50多位党员。到1949年10月，中国共产党党员人数达到448万名。正是在中国共产党领导下，完全摆脱了国际强权势力对中国事务的干涉，重建国家统一和主权完整，中国彻底扭转了中华民族近代以来不断衰落的命运，重新站起来，共同创立了中华人民共和国。

新中国开启了中国繁荣发展之路

1949年至今，中华民族开始着力实现国家繁荣富强和人民共同富裕。经过70多年不懈努力，中国创造了"中国奇迹"。

从纵向来看，中国1952年GDP（1949年新中国后第一次统计，以下都按人民币计算）总量仅为679亿元，经过一步一个脚印地摸索和日积月累地建设，GDP总量实现三次"升级跳"，1956年突破1千亿元，1986年突破1万亿元，2000年突破10万亿元。进入新世纪以来，在经济发展始终保持强劲势头的情况下，2020年中国GDP总量达到101.6万亿元，2021年超114万亿元，实现了稳定突破100万亿元大关的第四次重要跃升。

从人均GDP来看，1952年达到54美元，1956年达到64美元，1986年达到279美元，2000年达到949美元，2020年达到10504美元，2021年达到12551美元。作为14亿人口大国，中国即将成功迈入中等收入国家行列。

从横向看，1952年，GDP高于中国（指中国大陆，下同）的有美国、苏联、英国、法国和德国。1978年，中国GDP世界排名第十一位。2000年，中国GDP超过意大利，居第六位；2005年，中国GDP超过法国，居第五位；2006年超过英国，居第四位；2007年超过德国，居第三位；2010年超过日本，居第二位，从此蝉联世界第二大经济体10年之久，和美国一起成为人类历史上仅

70 年多来，中国从一穷二白发展成为全球第二大经济体，"中国奇迹"让世界为之惊叹。

有的两个超过10万亿美元的经济体。2020年，在新冠肺炎疫情肆虐全球的严峻形势下，世界主要国家经济增速都面临负增长，中国保持2.3%的正增长，2021年则达到8.1%的增长率，两年平均增长5.1%，经济增速继续位居全球主要经济体前列。

2010年，中国制造业规模超过美国，居世界第一。目前的中国已经成为世界第一大工业产出国，非农产业增加值占比超过90%，主要工农产品产量大都居世界前列，粮食、油料、肉类、原煤、水泥、粗钢、钢材和发电量连续多年居世界首位，500多种主要工业品中有220多种产量位居世界第一。可以说，中国是名副其实的世界第一工业大国。

中国经过70多年努力，终于实现了国家富强，人民富裕。美国投资家沃伦·巴菲特高度评价："中国所成就的一切简直是个经济奇迹，他们从较低的基数起步，很长一段时间都会以高于我们的速度发展，中国经济注定有一个美好未来。"

70多年来，中国共产党坚持以人民为中心，建立起比较完备的人民当家作主的制度体系。

2022年10月党的二十大报告指出："人民民主是社会主义的生命，是全面建设社会主义现代化国家的应有之义。全过程人民民主是社会主义民主政治的本质属性，是最广泛、最真实、最管用的民主。必须坚定不移走中国特色社会主义政治发展道路，坚持党的领导、人民当家作主、依法治国有机统一，坚持人民主体地位，充分体现人民意志、保障人民权益、激发人民创造活力。"

中国坚持和完善人民代表大会根本政治制度，多党合作和政治协商制度，巩固和发展最广泛的爱国统一战线、民族区域自治制度，健全充满活力的基层群众自治制度。

除此之外，中国政府还制定各项法律充分保障人权。在通过

人民代表大会制度、政治协商制度、民族区域自治制度三项基本政治制度为各民族平等参与国家事务提供了政治保障。图为 2017 年 3 月，参加十二届全国人大五次会议的部分少数民族代表。

经济社会发展改善人民的生存权和发展权的同时，国家高度重视通过宪法和法律保障公民的基本权利和自由。依法保证公民平等参与、平等发展的权利。

截至2019年，中国现行有效法律274件，还制定了行政法规600多件、地方性法规12000余件，形成了以宪法为统帅、法律为主干、多层次的中国特色社会主义法律体系。

随着司法体制、维护权益机制的不断完善，人权在立法、执法、司法等各个环节得到了更加充分的保障，人权事业全面发展，公民的政治、经济、社会、文化权利得到切实尊重和全面保障。

为了增进人民福祉，满足人民日益增长的美好生活需要，中国共产党坚持和完善统筹城乡的民生保障制度，为民生兜底，逐步实现"学有所教、劳有所得、病有所医、老有所养、住有所居、弱有所扶"，为每一位中国人实现个人梦想提供了坚强保障。

70多年来，随着经济发展，中国人民收入大幅度上升，老百姓的"钱袋子"鼓了，过好日子的腰杆硬了。2021年，全年全国居民人均可支配收入35128元，其中城镇居民人均可支配收入47412元，农村居民人均可支配收入18931元。收入水平不仅体现在整体提高上，贫富差距也逐渐缩小。我国基尼指数2008年达到0.491峰值后，总体呈下降趋势。

作为传统的农业大国，中国农业经济长期占据主导地位。为了进一步普惠民生，减轻农民负担，2005年12月29日，十届全国人大常委会第十九次会议决定，自2006年1月1日起废止《中华人民共和国农业税条例》。由此，国家不再针对农业单独征税，一个在我国存在两千多年的古老税种宣告终结。全面取消农业税是中国政府在21世纪的一项历史性举措，也是普惠民生的重要标志。

消除贫困，实现共同富裕，让所有贫困人口摆脱贫困，共享

1982 年底，中国开始实施"三西"（甘肃省的河西、定西和宁夏回族自治区的西海固）扶贫工程，开创了扶贫开发先河。被联合国专家称为"不具备人类基本生存条件"的"三西"地区发生了巨大的变化。图为宁夏回族自治区彭阳县由原来寸草不生的黄土地变成了满目苍翠的绿色梯田。

发展成果，这是中国共产党矢志不渝的奋斗目标。70多年来，中国共产党带领人民，持续向贫困宣战，走出一条中国特色扶贫开发道路，超过8亿贫困人口先后摆脱了贫困，率先完成联合国千年发展目标。在人类与贫困斗争的历史上，树立了一座里程碑。

国际经验表明，当一国贫困发生率降到3%左右时，减贫就进入"最艰难阶段"。2015年10月，习近平总书记在"携手消除贫困，实现共同发展"的国际高层论坛上承诺："未来5年，我们将使中国贫困人口全部脱贫。"

这是一场人类历史上前所未有的脱贫攻坚战。它的核心指标是到2020年，稳定实现扶贫对象不愁吃、不愁穿，义务教育、基本医疗、住房安全有保障。2020年，中国脱贫攻坚战取得全面胜利，现行标准下9899万农村贫困人口全部脱贫，832个贫困县全部摘帽，12.8万个贫困村全部出列，完成了消除绝对贫困的艰巨任务，创造了又一个彪炳史册的人间奇迹。这比联合国确定的全球消除绝对贫困的目标，整整提前了10年。

在社会保障上，中国坚持广覆盖、保基本、多层次、可持续方针，推进城乡居民社会保障体系建设，稳步提高保障水平。截至2020年末，全国参加城镇职工基本养老保险人数45638万人，参加城乡居民基本养老保险人数54244万人，合计99882万人，共有5949万建档立卡贫困人口参加基本养老保险，参保率超过99%，基本实现应保尽保。中国养老保险参保人数已占全球养老保障总人数的三分之一，是世界上覆盖人数最多的养老保险制度。

除了基本养老保险，中国2020年参加基本医疗保险人数136101万人，参加失业保险人数21689万人，参加工伤保险人数26770万人，其中参加工伤保险的农民工8934万人，参加生育保险人数23546万人。

中国人的人均预期寿命不断增长，从 1949 年的 35 岁增长至 2020 年的 77 岁。图为河南省郑州市老年公寓里的老人们正在举行文艺活动。

健康是人类的永恒追求。一个人的健康，关系一个家庭的命运；近14亿人的健康，决定一个国家和民族的前途。70多年来，中国卫生与健康事业加快发展，医疗卫生服务体系不断完善，基本公共卫生服务均等化水平稳步提高，公共卫生整体实力上了一个大台阶。

中国人民人均寿命不断提高。1949年只有35岁，1975年达到65岁，1990年达到68岁，2020年达到77岁。

为了百姓就医用药有保障，全民医保体系加快健全，城乡居民大病保险制度全面建立，健康扶贫取得阶段性进展；为了给患者提供安全有效的医疗服务，相关配套政策文件和制度规范日益健全，国家、省、市三级质控组织体系逐步完善，医疗质量管理专业化水平大幅提升；为了给人民群众提供优质的医疗服务，医药卫生体制改革以人为本，满足百姓不断增长的医疗服务需求……从"看上病"到"保健康"，中国卫生与健康事业取得很大成绩，人民群众健康水平显著提高，有力地托起了每一个中国人病有所医的梦想，推动健康中国建设加快前进。

为了进一步减轻参保人员用药负担，国家国家医疗保障局自2018年成立以来，连续五年开展《国家基本医疗保险、工伤保险和生育保险药品目录》（简称《目录》）调整工作，累计618种药品新增进入目录范围，医保谈判趋于常态化。至2022年，《目录》收载西药和中成药共2967种，其中西药1586种，中成药1381种，另含中药饮片892种。新入围药品在降价幅度和临床效果上实现了较高性价比。

以2020年版《目录》调整为例，共有162种药品进行了价格谈判，119种药品谈判成功，谈判成功的药品平均降价50.64%。以最受关注的抗癌药为例，2018年国家医保局组织开展了抗癌药专项准入谈判，最终17种药品谈判成功纳入目录，并于2020年底协议到期，其中3种药品有仿制药上市被纳入乙类管理；14种独家药品续约谈判成功并进一步降价，平均降幅为14.95%，其中个别一线抗癌药降幅超过60%。同时，本次调整还新增了17种抗癌药，其中包括PD-1、仑伐替尼等新药好药，参保患者癌症用药的保障水平明显提升。谈判成功药品共涉及31个临床组别，占所有临床组别的86%，患者受益面非常广泛。即使是在原目录内的药品，也要不断提升经济性。国家医保局首次尝试对目录内药品进行降价谈判。评审专家按照程序遴选了价格或费用偏高、基金占用较多的14种独家药品进行降价谈判，14种药品均谈判成功并保留在《目录》内，平均降价43.46%。

教育是民族振兴的基石，教育公平是社会公平的重要基础。70多年来，中国政府不断加大教育投入，努力解决教育机会和资源不够均衡的问题，积极推进教育公平，让每个孩子都有接受教育的机会。

为实现教育公平，中国政府坚持把农村教育摆在重中之重的战略地位，全面免除农村义务教育学杂费，建立农村义务教育经费保障新机制，促进义务教育均衡发展。2005年国务院发出《关于深化农村义务教育经费保障机制改革的通知》，从2006年春季学期开始，分年度、分地区逐步实施农村义务教育经费保障机制改革，西部地区农村义务教育阶段中小学生首先全部免除学杂费。不仅免除学杂费，各级财政还安排361亿资金，专门用于西部农村地区的"两免一补"政策实施，即西部农村地区义务教育中小学生实行全部免除学杂费，对贫困家庭学生免费提供教科书，补助寄宿生生活费，使当地中小学生上学无后顾之忧。

到2008年春季学期，中国实现了城乡义务教育全部免除学杂费，这在中国教育史上具有里程碑的意义。

经过多年发展，中国真正实现了学有所教。据教育部统计：2020年，全国共有各级各类学校53.71万所，在校生2.89亿人。义务教育，全国小学学龄儿童净入学率99.96%，初中阶段毛入学率102.5%。高中阶段教育毛入学率91.2%。

"安得广厦千万间，大庇天下寒士俱欢颜。"古往今来，住房始终倾注着人们许多的希冀与憧憬。随着经济社会不断发展和住房制度改革不断深化，通过党和政府、社会各方面坚持不懈的努力，广大群众的住房问题会得到更好的解决，"住有所居"的目标一步步变为现实。1949年，城镇人均住房建筑面积仅为8.3平方米。2018年，城镇居民人均住房建筑面积39平方米，农村居民人均住房建筑面积达到47.3平方米。

解决广大群众的住房问题，从中国国情出发，深化住房制度改革。中国坚持市场机制和政府调控"两手抓"，特别是强化政府公共服务职能，形成面向高中低不同收入群体的多层次、差异化住房政策体系。

重点通过保障性住房建设解决低收入群体的基本住房需求，是促进社会公平正义、保证人民群众共享改革发展成果的必然要求。利用公租房充分发挥对城镇户籍住房和收入"双困"家庭兜底保障作用，实行实物保障和租赁补贴并举。截至2020年年底，共有3800多万困难群众住进公租房，累计2200多万困难群众领取了租赁补贴，低保、低收入住房困难家庭基本实现应保尽保，中等偏下收入家庭住房条件有效改善。同时，保障性租赁住房逐步从城镇户籍家庭拓展至新市民、青年人及从事基本公共服务人员等群体。

经过多年努力，中国共产党和中国政府始终以人民为中心，

2008年9月1日,江苏省海安县明道小学二〈2〉班学生正在上课。当日,中国实现了城乡义务教育全部免除学杂费。这是几十年前甚至几年前,许多人连想都不敢想的事情。

城镇中低收入家庭住房条件明显改善。图为甘肃省天水市秦州区郭维周一家三口入住公租房。

投入巨大人力财力物力，基本建成包括养老、医疗、教育、住房在内的世界最大的社会保障网，真正保证全体人民在共建共享发展中有更多获得感。更重要的是，正是通过织牢了民生的安全网，给人民带来坚强的保障，让人民无后顾之忧，自由地勇敢地构筑梦想、追逐梦想、实现梦想。

中国的发展给了每个中国人成功的机会

人民要取得成功，首要前提是确保安全。70多年来，中国通过长期发展，积累雄厚物质基础、建立完整产业体系、形成强大科技实力、储备丰富医疗资源，积淀坚实国力，能够从容应对各种重大风险。

对外来看，由于中国发展，国力日益强大，迎来了40多年宝贵的和平环境。无论是1997年亚洲金融危机、2008年国际金融危机，中国都能沉着应对，全身而退。对内来看，无论遭遇2003年非典疫情、2008年汶川地震还是2020年新冠疫情，中国都能够积极应对，成功渡过危机。

以新冠肺炎疫情为例，2020年初武汉发生疫情，中国在疫情发生后迅速开展全方位的人力组织战、物资保障战、科技突击战、资源运动战。仅用1个多月的时间就初步遏制疫情蔓延势头，用2个月左右的时间将本土每日新增病例控制在个位数以内，用3个月左右的时间取得武汉保卫战、湖北保卫战的胜利。

中国举全国之力实施规模空前的生命大救援，用10多天时间先后建成火神山医院和雷神山医院、大规模改建16座方舱医院、迅速开辟600多个集中隔离点，19个省区市对口帮扶除武汉以外的

16个市州，最优秀的人员、最急需的资源、最先进的设备千里驰援，在最短时间内实现了医疗资源和物资供应从紧缺向动态平衡的跨越式提升。各行各业扛起责任，国有企业、公立医院勇挑重担，460多万个基层党组织冲锋陷阵，400多万名社区工作者在全国65万个城乡社区日夜值守，各类民营企业、民办医院、慈善机构、养老院、福利院等积极出力，广大党员、干部带头拼搏，人民解放军指战员、武警部队官兵、公安民警奋勇当先，广大科研人员奋力攻关，数百万快递员冒疫奔忙，180万名环卫工人起早贪黑，新闻工作者深入一线，千千万万志愿者和普通人默默奉献。

54万名湖北省和武汉市医务人员同病毒短兵相接，率先打响了疫情防控阻击战。346支国家医疗队、4万多名医务人员毅然奔赴前线。

本着人民至上、生命至上的原则，做到应收尽收、应治尽治。从出生仅30多个小时的婴儿到100多岁的老人，从在华外国留学生到来华外国人员，每一个生命都得到全力护佑，人的生命、人的价值、人的尊严得到悉心呵护。

为了抢救一名66岁的感染者，医院想尽一切办法，用尽一切资源，在医护人员94天的艰苦鏖战中，费用昂贵的ECMO人工心肺机连续使用了49天，至患者康复出院时，光病历就长达1600多页。使用人工心肺机，设备费和使用费一天就高达一两万元，这些费用全部由国家负担。

国家医保局专门规定：对于患者发生的医疗费用，在基本医保、大病保险、医疗救助等按规定支付后，个人负担部分由财政给予补助。将国家卫生健康委《新型冠状病毒感染的肺炎诊疗方案》覆盖的药品和医疗服务项目，全部临时纳入医保基金支付范围。后期疫苗也免费提供。

2020 年 3 月 22 日，归来的医护人员举着国旗走下飞机。当日，云南省援助湖北医疗队 700 余名医护人员乘坐包机抵达昆明长水机场。

国家还特意发行1万亿抗疫特别国债，全部转给地方主要用于公共卫生等基础设施建设和抗疫相关支出。

在中国共产党领导下，全国上下齐心，取得了抗疫的胜利。真正实现了人民安全。

有梦想就有目标，有希冀才会奋斗。无论国家、社会还是个人，梦想都是保持生机、激发活力的源泉。在这个属于奋斗者的新时代，人人都是追梦人，人人都有追梦的权利，人人都是梦想的筑造者。今天，中国站在新的起点上，亿万中国人正为实现梦想努力奋斗，正走在通往成功的大路上。

例如，中国杂交水稻之父袁隆平就是这样一位追梦人。20世纪90年代，美国经济学家布朗曾向世界发问："谁来养活中国？"在此背景下，中国农业部于1996年提出了超级稻育种计划。此后，袁隆平领衔的科研团队通过走形态改良和杂种优势利用相结合的技术路线，成功攻破水稻超高产育种难题，不断刷新亩产产量。该计划的五期目标早已全部完成，分别是亩产700公斤、800公斤、900公斤、1000公斤、1100公斤。在他的指导下，目前全国有四个超级稻百亩示范田正在攻关亩产1200公斤的目标。袁隆平曾在公开场合多次畅谈自己的两个梦想：一个是"禾下乘凉梦"，就是追求超级稻高产；另一个是"覆盖全球梦"，就是让超级稻走出国门造福世界。

现在中国以外的杂交稻种植面积为700万公顷。全世界有1.6亿公顷的稻田，如果其中一半种上了杂交稻，每公顷增产2吨，每年增产的粮食可以多养活5亿人。发展杂交稻将为解决世界粮食短缺问题作出巨大贡献。目前，杂交稻已经推广到全球80多个国家和地区。

例如，中国农村的大眼睛女孩苏明娟。30多年前，一张极具

袁隆平院士在长沙市郊的实验田中观察稻禾。

感染力的照片——《大眼睛》轰动海内外。照片中的小女孩那双乌黑透澈、渴求知识的大眼睛，喊出了"我要读书"的心声。

这张照片是由解海龙1991年在安徽金寨县拍摄的。金寨县是比较偏远的一个小山区，十分贫困，甚至当时被评估为全国最贫困的县城，教学环境十分简陋。苏明娟于1983年出生在这个贫困的县城，是众多渴望读书的孩子中的一个。

能在明亮干净的教室上课，有全新的铅笔盒和书包是当时所有孩子的梦想。因为金寨县十分贫困，家家户户的经济条件都十分拮据。在当时，孩子们能有书读就已经很不错了。就连苏明娟的学费都是父母在亲戚朋友那里凑的，即便教学环境十分恶劣，但是依然挡不住苏明娟读书的希望。

许多充满爱心的中国人纷纷向她捐款，纷纷表示一定要帮助这个因贫困不能读书的女孩念完大学。在爱心人士的帮助下，苏明娟通过教育改变了命运，她顺利读完了安徽大学的金融专业，并不忘初心、砥砺前行。

苏明娟步入社会后，就职于银行，每年都会向希望工程捐款，只为报恩回馈社会各界人士的爱心，满满的正能量，并将爱心传递了下去。代代相传让这种爱铺满人间。

2017年，苏明娟被选为共青团安徽省委副书记，当时苏明娟只有34岁。苏明娟兼任团委副书记，不领取一分酬劳。她表示，之所以接任这个职务，是希望利用这个职位的资源和影响力，帮助更多贫困的孩子。

再如，被称为"大国工匠"的邹彬。10年前，16岁的邹彬退学，将砌筑工作为他的第一份谋生职业。那时的他从未想到，10年后，他会成为最年轻的全国人大代表之一，到北京参政议政。10年时间，邹彬完成了从砌筑工，到世界技能大赛优胜奖得主，

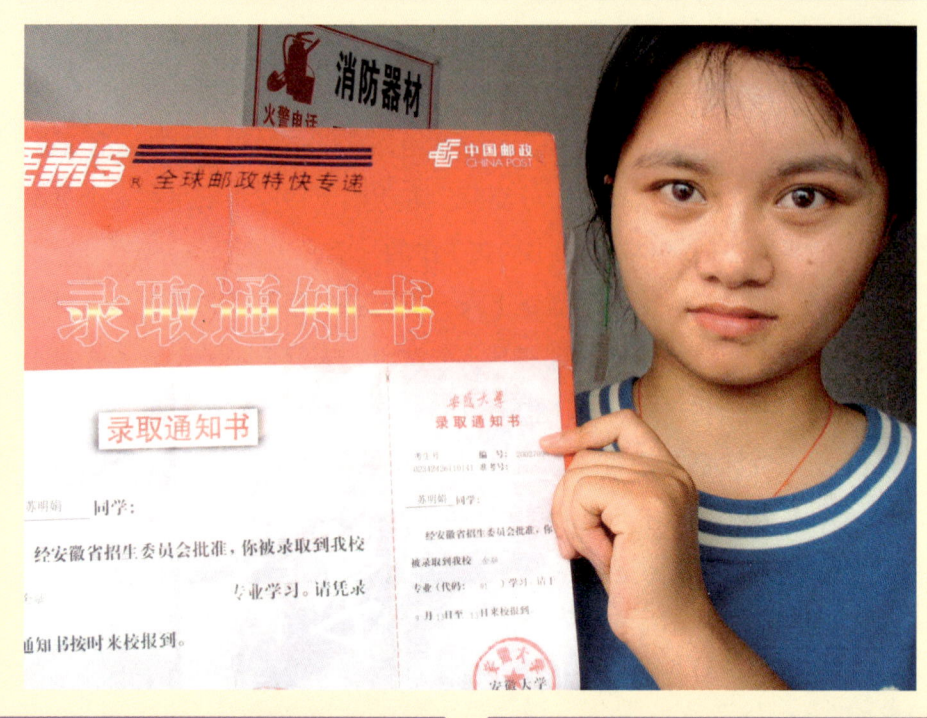

2002年9月5日下午，中国希望工程大使"大眼睛"姑娘苏明娟欣喜地拿到了安徽大学录取通知书。

再到全国人大代表的转变。对年仅26岁的邹彬说，成功并不是偶然，也并不轻松。

16岁时，当时"对学习完全不在行"的邹彬，跟随父亲所在的施工队从老家湖南新化到了长沙，进入了砌筑行业。在各个工地上，他和工人们一起和灰浆、挑泥沙、搬砖头。彼时的邹彬设想，在工地上干几年，就回到家乡，开个小店，娶妻生子。但是，与很多人不同的是，邹彬对待工作格外认真，总是追求完美。

"我觉得不管做什么事，都要做到最好。成为一名砌筑工，我不能把它只当成一份谋生职业，而是应该尽我所能去做到最好。我希望我砌得每一堵墙都是高品质的。"邹彬说。

"尽我所能"，看似简单的四个字，在邹彬身上结出了硕果。为了砌好一面墙，邹彬会把墙面反复推倒重砌，直到自己满意为止。看到别人砌得好的墙面，邹彬就主动请教。在一块块砖和一面面墙的砌合中，邹彬的技艺突飞猛进。经他之手砌的墙，砖面清澈，不沾水泥。

"打灰、垂直度、平整度等都是很基础的东西，这些内容却容易被忽视。把基础性的工作做好，把每个细节做好，我认为这就是'工匠精神'。"邹彬说。

邹彬不断进步的技艺被大家看在眼里。2014年，邹彬参加了中建五局举办的"超英杯"技能大赛，获得砌筑项目青年组第一名。后来，邹彬参加了第43届世界技能大赛砌筑项目全国选拔赛，并以第一名的成绩进入国家集训队。2015年，邹彬前往巴西参加第43届世界技能大赛，获得砌筑项目的优胜奖，实现了中国在这一项目上零的突破。秉持"工匠精神"砌墙的邹彬，一步步成为了大家眼中的"大国工匠"。

成为全国人大代表后，邹彬把自己的"工匠精神"带到了履职过程中，认真参与每一次调研，认真撰写每一篇建议。他最关注的，是和自己一样的工作群——农民工。"我来自这个群体，对他们的利益、感受都非常了解，为他们代言是理所当然的。"邹彬说。

还有精忠报国的黄大年。黄大年生前担任吉林大学新兴交叉学科学部学部长,地球探测科学与技术学院教授、博士生导师。他是国际上举足轻重的战略科学家,让中国正式进入了"深地时代"。他2009年回国,用7年时间,使中国上天、入地、潜海实现弯道超车,"深部探测技术与实验研究"项目5年的成绩超过了过去50年。

1988年1月,黄大年加入中国共产党。他在入党志愿书中写道:人的生命相对历史的长河不过是短暂的一现,随波逐流只能是枉自一生,若能做一朵小小的浪花奔腾,呼啸加入献身者的滚滚洪流中推动历史向前发展,我觉得这才是一生中最值得骄傲和自豪的事情。

在海外,作为英国剑桥ARKEX地球物理公司的研发部主任,黄大年曾带领一支包括外国院士在内的300人"高配"团队,实现了在海洋和陆地复杂环境下通过快速移动方式实施对地穿透式精确探测的技术突破。两年后,同样的试验从潜艇搬上飞机,母亲临终前嘱咐爱子:"……早点回国,给国家做点事情……"

黄大年青年时期就立下"振兴中华,乃我辈之责"的宏大志向。2008年,黄大年放弃国外优越条件回到祖国。在他的感召下,人工智能专家王献昌、汽车工程专家马芳武、智慧海洋专家崔军红等一大批在海外享有较高知名度的专家纷纷回国效力。

踏上祖国的土地后,黄大年作为首席科学家,组织全国400多位来自高校和科研院所的优秀科技人员,开展"高精度航空重力测量技术"和"深部探测关键仪器装备研制与实验"两个重大项目攻关研究。归国7年时间里,他带领科研团队突破国外高精度探测装备技术封锁,推动中国真正进入"深地时代"。在学生们心中,黄大年从来不是一个"高高在上的学术权威",而是一个

2021 年 3 月 8 日，第十三届全国人民代表大会第四次会议举行第二场 "代表通道" 采访活动。图为全国人大代表邹彬通过网络视频方式接受采访。

"严师慈父的长辈"、一个"推心置腹的朋友"。他倾尽心血为国育才，主动担任本科层次"李四光实验班"的班主任，言传身教、诲人不倦，叮嘱学生"出去了要回来，出息了要报国"，为国家培养出一批"出得去、回得来"的优秀科技人才。

2017年1月8日，黄大年去世。他用一生所学为祖国的强大贡献心力。他的爱国精神激励后人不懈奋斗。

还有"重仓中国"的投资者张磊。从河南驻马店贩卖杂志的少年，到耶鲁实习生，再到投资家，投资腾讯、京东赚200多亿元，并成为耶鲁19位校董之一，张磊的经历是一个传奇。

张磊出生在中国中部河南省驻马店市的一个村庄，后以全省高考总分第一的成绩考入中国人民大学，学习金融专业。1998年，他赴美国耶鲁大学求学。从耶鲁毕业后，他就职于华盛顿的一家新兴市场对冲基金。当时中国成功入世，整个国家焕发勃勃生机，经济高速发展，国内涌现了众多朝气蓬勃的创业者与高科技创业公司。2005年，张磊坚定回国创业并成立高瓴资本。他说服耶鲁大学捐赠基金，交给他2000万美元资金用于投资中国新兴公司。

张磊的高瓴资本，从创立之初起就定位于做具有独立投资视角的长期投资者，目前已在消费与零售、科技创新、生命健康、金融科技、企业服务及先进制造等领域内投资了一大批国内外优秀企业，高瓴资产管理的资产规模已经超过5000亿元，已发展成为亚洲地区资产管理规模最大的投资基金之一。

张磊在中国取得巨大成功，却没有忘记回馈社会。2017年，张磊向母校中国人民大学捐赠3亿元，设立"中国人民大学高瓴高礼教育发展基金"。他还是新型研究型大学西湖大学的创始捐赠人和创校校董，并接受西湖大学董事会委任，担任西湖大学理事会发展委员会主席。有人问张磊的投资秘诀是什么，他告诉大家，他一直看好中国，中国一直是全球发展最快、最好的国家，在未来世界蓝图中扮演举足轻重的角色。中国有着巨大的内需基础，持续刺激经济的增长，现在是最好的重仓中国的大好时机。

袁隆平、苏明娟、邹彬、黄大年、张磊，只是14亿普通中国人中的代表。经过70多年的努力，中国持续发展。在这片沃土之上，中国人无论来自农村还是城市，无论来自哪个行业，无论是汉族还是少数民族，都共同享有人生出彩的机会，共同享有梦想成真的机会，共同享有和时代一起成长、和国家一起成功的机会。

中国的发展也是世界的机会

中华民族历来是爱好和平的民族。和平、和睦、和谐的追求深深植根于中华民族的精神世界之中，深深溶化在中国人民的血脉之中。中国始终致力于维护和践行多边主义，推动建设开放型世界经济，推动经济全球化朝着更加开放、包容、普惠、平衡、共赢的方向发展，推动构建人类命运共同体。

经过70多年的发展，中国国内生产总值仅次于美国，成为世界第二大经济体。同时，自2006年以来，中国对世界经济增长贡献率稳居世界第一位，成为世界经济增长第一引擎。2020年，在全球新冠肺炎疫情蔓延的大背景下，中国经济迅速复苏并实现强劲增长，成为2021年全球唯一实现正增长的主要经济体，对世界经济增长的贡献率已超过三分之一。中国的发展离不开世界，世界的繁荣也需要中国。

中国奉行强不执弱，富不侮贫。2015年11月7日，习近平总书记在新加坡国立大学演讲，他强调，和平发展思想是中华文化的内在基因，讲信修睦、协和万邦是中国周边外交的基本内涵。近代以来，外敌入侵、内部战乱曾给中国人民带来巨大灾难。中国人民深知和平的宝贵，绝不会放弃维护和平的决心和愿望，绝不会把自身曾经遭遇的苦难强加于人。中国繁荣昌盛是趋势所在，但国强必霸不是历史定律。中国自古倡导"强不执弱，富不侮贫"，深知"国虽大，好战必亡"的道理。

中国始终坚持和平共处五项原则，坚持国家无论大小、强弱、贫富一律平等，尊重各国人民自主选择发展道路的权利，反对干涉别国内政，维护国际公平正义。中国一直反对霸权主义和强权政治，反对动辄使用武力或以武力相威胁，主张通过对话协商、和平手段解决国际争端和热点难点问题，永远做维护世界和平的坚定力量。

中国一直奉行防御性的国防政策，从不想称霸世界。近10年来，中国军费开支占GDP比例平均约为1.3%，低于世界平均水平。中华民族自古以来就没有侵略别人，永远不会称霸，进行扩张。中国的和平发展，不仅不会对任何人造成威胁，而且还会给世界带来福音。

2014年6月3日，习近平主席在国际工程科技大会上发表主旨演讲，他强调："一花独放不是春，百花齐放春满园。"今天，人类生活在同一个地球村，各国相互联系、相互依存、相互合作、相互促进的程度空前加深，国际社会日益成为一个你中有我、我中有你的命运共同体。中国人民和各国人民休戚与共，中国人民的梦想和各国人民的梦想紧紧相连。

1950年，新中国刚成立时，仅有17个国家与中国建交。70多年来，中国奉行独立自主的和平外交政策，坚持和平共处五项

2018 年 3 月 1 日，中国第五支赴利比里亚维和警察防暴队凯旋，回到广西南宁驻地归建。

2019 年 4 月 26 日，第二届"一带一路"国际合作高峰论坛开幕式在北京举行。

原则，始终坚持和平发展道路，从不转移矛盾，从不通过强买强卖、掠夺别国发展自己。中国一直在拥抱世界、学习世界中发展自己。中国逐渐赢得了国际社会特别是发展中国家的广泛认同。越来越多的国家与中国建交，坚定地和中国站在一起。目前，中国已经同180多个国家建立了外交关系，同112个国家和国际组织建立了不同层级的伙伴关系，"朋友圈"遍布七大洲五大洋。

中国始终秉承共商共建共享的全球治理观，高举多边主义旗帜，维护联合国权威和作用，充分发挥世界贸易组织、国际货币基金组织、世界银行、二十国集团、亚太经合组织、金砖国家、世界经济论坛等全球和区域多边平台的建设作用，为破解"全球治理赤字"提供中国智慧和中国方案。

为了促进各国合作，2013年9月和10月，习近平主席分别提出建设"新丝绸之路经济带"和"21世纪海上丝绸之路"的合作倡议。依靠中国与有关国家既有的双多边机制，借助既有的、行之有效的区域合作平台，"一带一路"旨在借用古代丝绸之路的历史符号，高举和平发展的旗帜，积极发展与沿线国家的经济合作伙伴关系，共同打造政治互信、经济融合、文化包容的利益共同体、命运共同体和责任共同体。十年来，"一带一路"由点到面、由理念到行动，由愿景到现实，推动了一大批项目落地生根，已经成为一条造福共建国家的开放与繁荣之路。目前，已有170多个国家和国际组织与中方签署了合作文件，联合国大会、联合国安理会等重要决议均纳入"一带一路"相关内容。

中国—白俄罗斯工业园，坐落于白俄罗斯明斯克州，规划面积91.5平方公里，它是中白合作共建丝绸之路经济带的标志性工程。致力于建设生态、宜居、兴业、活力、创新五位一体的国际新城，被誉为"丝绸之路经济带上的明珠"。建成后已经成为丝

2017 年 5 月 31 日，由中国企业承建的肯尼亚港口城市蒙巴萨至首都内罗毕的蒙内铁路成功开通。

绸之路经济带中贯通欧亚的重要枢纽之一。

蒙内铁路，被称为肯尼亚的"世纪工程"，是肯尼亚独立以来最大的基础设施建设项目。作为东非铁路网的开端，它的建成通车为肯尼亚乃至东非的繁荣发展铺就了一条快速路。在不少当地人心目中，蒙内铁路就是"非洲版的高铁"——它全长约480公里，设计客运时速120公里，货运时速80公里。原来十几个小时的路程，现在仅需5个小时。铁路的贯通，给当地百姓的出行带来了便利，也使物流更为顺畅。蒙内铁路，这个集设计、施工监理、融资、装备采购和运营管理为一体的"中国标准"全产业链项目，成为"一带一路"倡议的重要成果，也成为中非在现代基础设施建设方面友好合作的典范。

在希腊，一度陷入衰落的比雷埃夫斯基港迎来了新生。作为希腊最大的港口，比雷埃夫斯港地理位置优越，它是"21世纪海上丝绸之路"进入欧洲后的大港，可以通过中欧陆海快线与丝绸之路经济带连接起来。中远海运2008年和希腊方面签署为期35年的特许经营权协议，并据此于2010年10月1日正式接管比港二、三号集装箱码头。尽管有国际金融危机和希腊债务危机的不利影响，几年来比港装卸量仍成倍增长。2021年，比港集装箱吞吐量全球排名从2010年第93位大幅提升至第25位，亮丽的成绩单为中远海运在比港的进一步发展铺平了道路。希腊经济和工业的一份研究报告显示，由于比港集装箱处理效率提高，以及中远海运对比港的未来规划带来的产业联动效应，到2025年比港项目将为希腊财政增收4.7亿欧元，创造3.1万个就业岗位。未来每年将为希腊经济带来额外51亿欧元的长期收入，到2052年前将累计增加12.5万个就业机会。"这是一项互利共赢的协议，对希腊来说，它让希腊成为亚洲产品进入欧洲的主要门户，让比港有机会发展成欧洲最大的港口之一。"通过中远海运集团的参与，比港成为"一带一路"上的一颗明珠，熠熠生辉。

2022年，我国对"一带一路"沿线国家进出口总额138339亿元，比上年增长19.4%。"一带一路"沿线国家对华直接投资（含通过部分自由港对华投资）新设立企业4519家，对华直接投资金额891亿元。中国对"一带一路"沿线国家非金融类直接投资额210亿美元，增长3.3%。

共建"一带一路"给国际社会带来了实实在在的发展红利。截至2022年，中国企业在"一带一路"沿线国家建设的境外经贸合作区已累计投资571.3亿美元，为当地创造就业岗位42.1万个。共建"一带一路"已成为构建人类命运共同体的生动实践，为中国和沿线国家的发展带来新的机遇。

联合国秘书长古特雷斯对"一带一路"倡议作出高度评价："我们认为'一带一路'倡议有助于更加公平的全球化，并且更加公平的全球化，是世界上不同的国家实现人类命运共同体的最好途径。"

中国扶危济困，体现大国担当。中国多年来积极参与全球发展合作，在力所能及范围内向其他发展中国家提供了大量支持和帮助。新中国成立以来，中国共向170多个国家国际组织提供了4000亿元人民币援助，派遣60多万援助人员，700多人为他国发展献出了宝贵生命。共参加了26项联合国维和行动，累计派出维和官兵4万余人次，是联合国第二大维和预算摊款国，是安理会理事国中派出维和人员最多的国家。中国还积极向亚洲、非洲、拉丁美洲和加勒比地区、大洋洲的69个国家提供医疗援助，先后为120多个发展中国家落实联合国千年发展目标提供帮助。先后7次宣布无条件免除重债穷国和最不发达国家对华到期政府无息贷款债务。

中国企业拥有大部分股权的希腊比雷埃斯夫港,已成为 21 世纪海上丝绸之路通往中东欧的门户。图为港口鸟瞰。

2013—2018 年，中国对外援助金额累计达 2702 亿元人民币，包括无偿援助、无息贷款和优惠贷款，共向 122 个国家和 20 个国际和区域性多边组织提供援助。图为马尔代夫结束了没有跨海大桥的历史。

值得一提的是，中国提供对外援助，从不附带任何政治条件，从不干涉受援国内政，充分尊重受援国自主选择发展道路和模式的权利，2020年新冠肺炎疫情引起全球性危机，人类发展面临空前风险挑战。面对疫情，习近平总书记提出，疫情没有国界，力倡全世界团结合作，打造人类卫生健康共同体。3月26日，习近平主席出席二十国集团领导人应对新冠肺炎疫情特别峰会并发表题为《携手抗疫　共克时艰》的讲话，承诺："中方秉持人类命运共同体理念，愿同各国分享防控有益做法，开展药物和疫苗联合研发，并向出现疫情扩散的国家提供力所能及的援助……中方已经建立新冠肺炎疫情防控网上知识中心，向所有国家开放……中国将同各国一道，加大对相关国际和地区组织的支持力度……中国将加大力度向国际市场供应原料药、生活必需品、防疫物资等产品。"

　　中国第一时间通报疫情信息，采取最全面最严格最彻底的政策措施，最大限度防止疫情对外扩散，毫无保留同各方分享经验，竭尽所能为国际社会提供援助。截至2020年10月，中国已向150个国家和7个国际组织提供抗疫援助，出口口罩1790多亿只，防护服17.3亿件，检测试剂盒5.43亿人份，谱写了"投我以木桃，报之以琼瑶"的人间佳话，展现了"扶危济困、积极作为"的中国担当。

　　70多年来，中国在增进14亿多中国人福祉的同时，也为全人类共同发展繁荣作出了巨大贡献，彰显了中国负责任、讲道义、有担当的大国形象。

　　70多年的实践证明，我们正处于最好的时代。中国的发展为每个中国人实现个人梦想提供了坚强保障，中国的发展也给世界

　2020 年 4 月 5 日，中国政府赴菲律宾抗疫医疗专家组一行 12 人，乘坐由厦门航空执飞的包机抵达菲律宾首都马尼拉，同机运抵的还有 12 吨中国援菲抗疫物资。

带来巨大的机会。中国的发展从来不会给世界各国带来威胁，只会带来和谐共赢。正是因为中国的加入，人类命运共同体才能真正实现，世界终将迎来繁荣美好的明天！